如何更积极地教学

[美] 雷夫 · 艾斯奎斯 著
Rafe Esquith

HOW ABOUT SOMETHING
MORE POSITIVE

A GREAT TEACHER MAKES ANYTHING POSSIBLE

中国青年出版社
CHINA YOUTH PRESS

图书在版编目（CIP）数据

如何更积极地教学 /（美）雷夫·艾斯奎斯著；彭相珍译.
—北京：中国青年出版社，2023.6
书名原文：How About Something More Positive: A Great Teacher Makes Anything Possible
ISBN 978-7-5153-6959-4

Ⅰ.①如… Ⅱ.①雷… ②彭… Ⅲ.①教学研究 Ⅳ.①G420

中国国家版本馆CIP数据核字（2023）第083163号

如何更积极地教学

作　　者：［美］雷夫·艾斯奎斯
译　　者：彭相珍
责任编辑：肖妩嫔
特约编辑：王琳琳
文字编辑：侯雯洁
美术编辑：杜雨萃
出　　版：中国青年出版社
发　　行：北京中青文文化传媒有限公司
电　　话：010-65511272 / 65516873
公司网址：www.cyb.com.cn
购书网址：zqwts.tmall.com
印　　刷：大厂回族自治县益利印刷有限公司
版　　次：2023年6月第1版
印　　次：2023年6月第1次印刷
开　　本：787mm×1092mm　　1/16
字　　数：220千字
印　　张：13.5
京权图字：01-2021-4084
书　　号：ISBN 978-7-5153-6959-4
定　　价：49.00元

献给中国的教师们——

是你们让人类看起来更美好。

CONTENTS

目 录

Guide to Reading

本书导读

序言：积极教师让一切皆有可能。

这里介绍了本书的写作宗旨。作为一名经验丰富的资深教师，雷夫见证了无数一线教师的问题、困惑、发展和成长。尽管在当今世界，身为一名教师，意味着要完成教育这个不太可能完成的使命，尽管这其中充满了失败与苦楚，但积极的教师总是能够找到方法来助力学生的成长。

第1章：教会学生的7种积极品质。

对于教师而言，现代社会的教学面临着各种各样的障碍与挑战，学生的行为方式也发生了巨大的变化，同时来自各方的压力也削弱了教师的意志力与行动力，为此，本章的重点在于梳理出在标准大纲之外教师们可以添加哪些个性化的活动，为学生的成长助力。在第56号教室中强调的同理心、勇气和其他价值观，将作为本章论述和分析的重点。

第2章：10个常见教学困境及破局方法。

雷夫曾到访中国40多次，与成千上万的一线教师进行了交流，在交流过程中，教师们提出了无数个关切的问题。在本章中，雷夫选取了十个最常见的教学问题，并提供了详尽的解答。这些问题包括如何与调皮捣蛋的学生相处，如何保持教学的热情与动力，以及如何应对失败等。

第3章：来自学生的真诚反馈。

教师每年都要参加无数的教师发展会议或论坛——大多由教育主管机

构、出版社和其他教师举办，但是在这些会议或论坛上，大多数声音都来自教师群体。因此，在本章中，雷夫独辟蹊径，提供了来自学生的建议和意见。雷夫访谈了数百位学生，在访谈中，学生谈论了自己喜欢或讨厌的教师类型，并给出了精辟的评价。阅读本章内容，教师或许可以从学生的反馈中学到很多有价值的东西。

第4章：3种改变学生人生的美好体验。

雷夫借助三个领域的力量帮助改变了学生的人生和命运。它们分别是阅读、音乐和旅行。雷夫以超乎想象的方式，详细地讨论了这三个被大多数教师忽视的教育领域，以及它们如何在学生们的人生中发挥巨大作用。雷夫细致入微地剖析了第56号教室的学生喜欢阅读并且能够终生保持阅读习惯的原因。此外，通过音乐，雷夫如何能培养出善良、专注和优秀的学生。通过旅行，雷夫的学生为何能逐渐成为世界上行为最规范、组织最有序的群体之一。本章揭示了第56号教室的教育取得成功的秘诀，并提供了其他教师达到同样效果的方法。

后记：永远心怀关爱。

在本书的最后，雷夫讨论了优秀的教师将如何真实地接受和面对教师这个职业的诸多真相。在美国经典文学作品《了不起的盖茨比》中，男主人公自欺欺人地认为女主角深爱着他，最终却因为这样的谎言和所犯的错误而去世。最优秀的教师不会欺骗自己，哪怕我们经常失败，依然要小心翼翼地、勇敢积极地面对教学工作中各种艰难的事实。最后，本书以"心怀关爱"一词作为结束，因为这是所有优秀教师必备的一个品质。粗心大意并不意味着在旅行途中笨手笨脚地打翻东西，而是意味着教师没有时时刻刻关注学生，关注他们的成长与发展。最优秀的教师会永远谨慎地审视自身的缺点，以学生的成长为己任，每一天都尽力给学生提供最好的教育。

积极教师让一切皆有可能

> 所谓教育，就是我们忘记学校所教的东西以后，最终剩下的东西。好奇心能在正规教育下幸存是一个奇迹。
>
> ——阿尔伯特·爱因斯坦（Albert Einstein）

我是雷夫，是一名教师。我曾有幸应邀到中国演讲40多次，每一次都是一场难忘的奇遇。对无数观众给予的善良与热情，我铭感五内。每一次的离开，都令我倍感伤怀，总是期盼能有更多的时间与教师们畅谈他们在问答环节提出的那些严肃而又关切的问题。

那些发人深省的问题，关乎着如何管理课堂、如何用幽默活跃气氛、如何平衡工作与家庭、如何进行文学教育、如何应付难缠的家长和同事，还有无数个关于如何与调皮的孩子打交道的问题，等等。然而，面对现场数千名一线教师，哪怕翻译的语速飞快，我也往往只有一两分钟的时间来给出仓促的建议。实际上，这些建议本应花上几个小时的时间解释，并与提出问题的教育工作者进行深刻入微的讨论。

我已经步入人生的暮年，对于一个时年69岁的老者而言，人生的痛苦总是多过欢愉。步行五六层楼梯，膝盖就会叫嚣着抗议；只睡4个小时就能够精神奕奕地工作一天的好日子，也一去不返；受伤之后痊愈需要的时间比以前更为漫长；即使戴着眼镜熬夜工作，也不再有初为人师时的那般精气神。

然而，老去也有一个令人欣慰的显著优点，那就是我现在可以毫无顾虑地说出真相，因为我已经到了无所畏惧的年龄。哪怕一些人或许会因为我说出的一些事实而感到不适，或许也因此而感到不安或愤怒，或许他们也无能为力，他们又能对一个行将就木的老者如何呢。从这个角度来说，身为老者，意味着自由。

令人震惊的是，美国有很多人自欺欺人地认为美国是一个正义的国度。相较于直面美国建国历史的丑陋现实和恐怖过程，相信这个谎言，显然更令人感到舒适。正如弗雷德里克·道格拉斯（Frederick Douglass）在1852年时，向正在庆祝独立日的美国人发出的质问那样："美国的奴隶们啊，独立日对你们来说意味着什么？你们的祈祷和赞美诗，你们的布道和感恩，以及你们所有的宗教游行和庄重，对美国来说，不过是虚张声势、欺诈、欺骗、无耻和虚伪——不过是一层薄薄的遮羞布，试图掩盖那些令野蛮人国度也会感到汗颜的罪行。"

同样可悲的是，美国以及世界各地的很多人，都认为美国的教育制度是完美的。但事实正好相反，美国的学校并没有那么好，也充斥着各种不公，甚至其教学水平低于世界的平均水准。有些学校堪称糟糕透顶。虽然很多人拒绝承认，但美国学校里学生们的行为往往十分糟糕，而在教师队伍中，则有很多人根本没做到为人师表。学生几乎不阅读，他们上完了历史课，但却对历史知之甚少。美国教育的情况甚至糟糕到很多大学强制大一新生，必须选修一门关于如何在大学里表现优异的课程。现在的大学生，难道需要先学选修课，才知道如何去努力学习和好好表现吗？

这些难道不应该是学生上大学之前，长达12年的基础教育阶段应该做的事情吗？

在普利策奖获奖小说《杀死一只知更鸟》（*To Kill a Mockingbird*）中，一个名叫让·路易斯·芬奇（大家都叫她斯科特）的早熟小女孩，在成年后，回顾了自己多年前的学校生涯。她在经历了糟糕的第一年课堂生活后，反思了学校的情况：

我此后的学校生活和开学第一天相比并没有起色。实话实说，每天就是没完没了的项目课程，慢慢积累形成一个单元。在这个过程中，州政府在我身上花费了好几公里长的作业纸和蜡笔，试图让我领悟群体动力学的真谛，可谓用心良苦，但收效甚微。……我跟着梅科姆县教育系统的单调步伐慢吞吞地向前挪，不由自主产生了一种被欺骗的感觉。究竟被骗去了什么，我也说不上来，不过我也不相信12年沉闷无趣的教育是州政府的初衷。

这本书写于1960年，但斯科特的反思，用在描述当前的美国教育体系上，甚至比60年前更为贴切。

正如讳疾忌医一般，人们倾向于相信谎言，而不是真相，这也无可厚非。病人通常拒绝相信诊断书上的内容，不愿面对残酷的现实，但是，战胜癌症或修补存在缺陷的心脏的唯一方法就是在着手治疗严重甚至恐怖的疾病之前，掌握尽可能多的准确信息。同理，教师群体想要获得更好的发展，就需要少数勇敢的灵魂，积极面对现实的责任。在这里，我想要再次以詹姆斯·鲍德温（James Baldwin）为例，当他看到多年来争取民权的努力收效甚微时，他义无反顾地采取了几乎是舍生取义的行动。他的名言——并非一切都会失去，责任永远不会失去，只会被放弃。如果一个人拒绝放弃，就一定能够重新开始——能很好地诠释他的决策和举动。

在撰写教育类著作时，我们会遭遇的亟待解决的现实问题就是，世界上的大多数人都喜欢美好的事物。这也可以理解，我们都喜欢那些能够激励或鼓舞我们做到最好的故事，并梦想着有一天我们精湛的教学不仅能够改变学生的人生，而且作为教师的我们也能够得到学生、同事乃至全社会的爱戴。所有人都喜欢大团圆的欢乐结局。

然而，我撰写这本书的目的是谈谈诸多教育问题的真相，从而提出作为教师我们能做出的积极改变。无数教育专业人士和学校领导，都要求我们应该永远强调积极的一面，但这种要求往往会令一个想说真话的人陷入两难的境地。我们告诉学生要诚实守信，我们希望学生言行优秀，作为合格的教师我们要学会以身作则地示范这些行为。如果学校希望孩子们能够充分地发掘自身的潜力，学校就必须以诚实守信作为首要原则。为此，就像堂吉诃德一样，我将教学视为一种信仰，而不仅仅是养家糊口的工作。

其中一个信念，就是成为一个见证者。作为一名老者，我有着丰富的人生阅历，并能够从一个旁观者的角度，为那些还在教学一线奋斗的教师们提供帮助和指导。

在莎士比亚的戏剧《哈姆雷特》中，在王子濒临死亡之际，过度悲痛的死党霍拉蒂奥想要自杀。哈姆雷特阻止了他，并恳求他活着讲述自己的故事。同样，在大屠杀期间，许多受害者也请幸存者代为记录并讲述他们遭遇的惨痛经历。信息，哪怕是痛苦和悲伤的真相，也能帮助后来者前进。我们不能放弃对学生的责任，即便当我们感到精疲力竭、沮丧不已，几乎没有动力再前进一步时，我们也必须振作起来，重新开始。

近40年来，我的主要任务一直是激励学生成长为与众不同的人。我希望他们成为有内在价值的终身学习者。最优秀的学生会内化出一套价值观，包括正直、善良、正直、同理心和尊重等。但令人沮丧的是，由于许多复杂的原因，教师几乎不可能帮助学生们做到这一点。一个充满理想主义的教师，会在前进的道路上遭遇无数阻碍。我们渴望学生学会无私，但我们却又生活在一个自私得不可理喻的时代。在一个充斥着刻薄、残忍和贪婪的世界里，鼓励学生学会善良，是有可能做到的吗？

整个社会似乎也成为了实现这一使命的阻碍。家长、其他教师、行政人员、学校董事会，以及拥护平庸、赞美平庸的媒体似乎都是通往这条道路上的绊脚石。但这也并不新奇，仅在美国，在从教短短几年之内就退出教育行业的新教师人数已经激增到了惊人的程度。为人师表，这份工作实在太难了。漫长的工作时间、粗鲁无礼的学生、不讲道理的家长，让善良的教师们感到心力交瘁。有多少名教师在深夜对着枕头潸然泪下，痛苦地说着："我从未想过，原来会是这样！"

在出版一本图书时，出版公司都希望作者能够施展魔法，创造最高的销量。就这一点而言，我可能是出版商的噩梦，因为我在这些书页中写的真相过于直白和痛苦，或许并不适合每个人。如果你是一名想要寻找可以解决所有复杂问题的简单方案的教师，这本书不适合你；如果你选择成为一名教师，是因为这份工作可以每天尽早下班，让你有充足的时间去酒吧或健身房，并且还能享受寒暑假，那么在这本书里，你同样找不到想要的答案；如果你是因为上一份工作以失败告终，而迫不得已当教师来谋生，那么你与其阅读本书，逼迫自己了解来自一个老年人的尖刻而真实的想法，还不如选择其他更愉悦的事情来打发时间。

当然，一定会有一些教师发自内心地关心教育。但这些人往往是痛苦的、孤独的，甚至因为产生了不同寻常的想法而遭到他人的嘲笑。这些年的阅历让我意识到，所有伟大的教师都有一个共同点：他们都充满了倾诉的欲望并乐于寻求指点。最近，我收到了一封引人入胜的信。写信的教师在一个阅读小组中学习了我的一本书，他写信给我是想问一些与教学策略相关的具体问题。显然，他已对自己的职业进行了很多的思考。这封信长达十几页，但内容始终围绕着学生。他没有滔滔不绝地讲述自己的人生经历、成就和卓越之处。他提问的语气充满了真诚和谦逊。我给他写了回信，觉得他应该是刚入行一两年的新手教师，但我大错特错！

这名教师已经教了16年的书，现在已经是第十七个年头了，他还在非常努力地追求进步。他已经遭遇了限制甚至扼制一个教师有所成就的所有障碍。这位教师感到伤心、沮丧、疲惫，甚至很生气，但他没有被打败。他从未想过放弃，一心只想着让自己变得更好。他的心灵，已经因失败和失望而伤痕累累，但他仍然在不屈不挠地寻找新的方法，帮助更多的年轻人找到自己的道路，成为有思想、有爱心、对社会有贡献的优秀公民。

如果你正在寻找教育的真相，并渴望为教学积极地蓄力，这本书就是为你准备的。如果你已经知道，身为教师，你或许需要承受很多的悲伤甚至绝望，请你继续读下去。很多关于教育的书都是针对刚入职的年轻教师的，这是可以理解的，我也希望这本书能让他们看到自己可能需要面对的未来。但是，除了新手教师，还有许多勇敢地在教学岗位上坚持了多年的老教师，他们还在努力让自己变得更好。他们不会把时间花在计算还有多久可以放假，不会纠结于自己的工资。相反，他们会花很多时间去思考如何帮助第三排的那个孩子成为一个特别的人。即使他们知道教育是一条不能回头的路，他们还是义无反顾地踏上了这条道路并坚持着走了下去。如果你也是这样的人，那这本书就是为你准备的，我希望能为你提供一些想法和信念，让你的教学旅程更安稳，甚至更愉悦。

第 **1** 章

教会学生的7种积极品质

火车上，有"一位中学教师，她费尽一生就是将一届又一届弱小无助的学生变成可悲的懦夫。她告诉年幼的学生，多数人的意志是衡量善恶的唯一标准，多数人可以为所欲为，为此学生们绝对不可坚持自己的个性，而必须随大流和从众"。

——安·兰德（Ayn Rand），

《阿特拉斯耸耸肩》（*Atlas Shrugged*）

你想成为一名杰出的教师吗？市面上几乎所有的教学研讨会或教学书籍，都在无休止地讲述着最好的教师必须具备的特质，比如创造力、不断成长的欲望、与社会合作的愿景、对每个孩子无止境的关怀，以及传说中带有神奇而虚幻色彩的、可以激励学生攀登学术顶峰的魅力。这些特质当然都是必要的。但是，我从来没有看到任何一本教学手册，敢于直截了当地写出一个顶尖教师应该具备的最重要的特质。

最优秀的教师最应该拥有的特质，请允许我尽可能委婉地表述为**"发自内心的勇气"**。

如果你想成为一名优秀的教师，你必然需要有义无反顾的勇气、破釜沉舟的胆量！

为什么优秀的教师们要具备近乎舍生取义的勇气，在我看来这是因为几乎所有的教育工作者都面临这样一个事实：全球的教育体系都需要更进一步！

当然，现在的教育系统已经有着成千上万的英雄教师，他们长年累月地督促学生，培养学生成长为杰出的人才，出人头地。从古至今，我们从未缺乏杰出的教师，他们的课堂的确令人热血沸腾，让我们向他们致以最崇高的敬意。

然而，我恳请诸位，至少花一点点时间思考一个甚少被提及的问题：让年幼的学生顺利地通过考查物理知识点或历史事实的考试，本不该值得欣喜若狂地庆祝，或者视之为伟大的教育胜利。所谓的"最终考试"自身并不包含任何"学习终结"的含义。学生对课程知识的掌握，不应该意味着课堂目标已经最终完结，我们不应将熟练掌握课程教授的内容，视为某种最终的结果。因为从本质上来讲，这只是学习的一个起点，而非终点。

实事求是地看看我们眼前的世界，我们拥有无数杰出的科学家、勇敢的领导人和才华横溢的艺术家。然而，这些光鲜亮丽的成功，无法掩盖还有更多人类仍在受苦受难的事实。在我动笔写下这些的时候，地球上每天还有很多人正在挨饿。显然，全球的教育体系，尽管不乏优秀之处，但并没有解决每天困扰着数亿人的种种紧迫问题。

教师要为此负责吗？当然不是。但如果教师能如实地接受这样一个残酷的事实，就可以出力来收拾这个烂摊子，仅仅只是布置作业、批改试卷、确保学生在课堂上坐好、安静听课，并顺利通过大大小小的考试，是远远不够的。杰出的教师必须有勇气承认，我们要做的不仅仅是通过课堂教学培养出有能力的学生，最优秀的教师还需要接受一个最艰巨的挑战——他们需要竭尽所能，只为**培养优秀的人才**。

作为教师，首先要清楚，我们教的不是数学、物理，不是哪个具体的科目，也不是小学、初中或高中等具体的学习阶段，我们教学的对象，统称为学生。

最优秀的教师，应能够不厌其烦地、孜孜不倦地告诉年轻的莘莘学子，学校不只是通过某个科目考试的地方，学校的存在意义不止于此。然而，如果大多数的教师拒绝接受这个挑战，也无可厚非。曾有教师对我说：

雷夫，你不是在开玩笑吧？我每天精疲力竭，也不过是让孩子们勉强听从了教学指令，真正地去学习一门学科的知识。我每天要熬到深夜批改卷子，我还要养家糊口，还要花心思经营和维持婚姻关系，我不是上帝，我不是万能的。话又说回来，塑造孩子的品性，难道不是父母的责任吗？这不全是我的职责啊！

尽管教师产生这样的想法也没有错，但正如哈克贝利·费恩（Huckleberry Finn）在其同名的伟大文学著作中所说的那样——**我看东西的角度，异于他人**。的确，我们可以为了应试而进行教育，在一个拥抱循规蹈矩和庸俗化的世界里，这样的教育理念或许反而会备受推崇。教师完全可以拿着一张张成绩单和数据分析表，炫耀自己有多少学生成功地通过了考试，并以此为荣，自欺欺人地认为自己非常了不起。但我恳请诸位教师，在夜深人静之际，不妨想一想，我们或许能做得更多、更好。

我们必须激励学生成为优秀的公民，因为我们这个世界并不缺乏杰出而有才能的人，但仔细地观察，你或许会发现他们的道德品质十分平庸，甚至恶劣。为什么教师们需要足够的勇气，才能够得出这个结论呢？这是因为，很多试图在课堂上施行品德美育的教师，往往会沦为笑柄。其他人会怀疑这些教师的教学动机，甚至怀疑他们的心智是否正常。目光短浅的同事，会觉得这些教师的脑袋有问题，因为他们不具备同样的眼光和胆量，他们永远不会考虑接受这样堂吉诃德式的挑战。他们用义正词严的高傲，掩饰自己的羞耻，而不是照镜子，直面自己的懦弱和平庸。

关于人性的善恶，文学作品往往是最佳的信息来源。

我是一个贪婪的读者。经典文学作品塑造了我作为教师和社会个体的品质。我在成年之后，重读了小时候喜欢的一本书，多年积累的生活经验改变了我儿时阅读它的思路和体悟。而对我个人课堂教学理念影响至深的一部开创性小说，就是英国作家威廉·戈尔丁（William Golding）的名著《蝇王》（*Lord of the Flies*）。如果你不熟悉这部小说，下面这段内容提要能让你有一个大致了解。

由于一场即将发生的核战争，一群英国男孩被迫从他们生活的城市撤离。这些都是传统意义上的"好"男孩。他们有着良好的家庭背景，从小接受大多数人眼中的正确价值观教育。然而，试图带着他们脱离险境的飞机被击落，坠落在一个小岛上。飞行员遇难，这些年龄从5岁到青春期的男孩们，只能自力更生。起初，男孩们主动组成了一个大集体，并选举出一位共同的首领。他们计划在这个热带岛屿上建立庇护所，创造一个田园社会，在那里他们将安全地生活并等待救援。但事情很快就发生了变化。这些看似文明的男孩变成了野蛮人：他们在脸上画上各种标志和图案，对打猎杀猪等野蛮而血腥的行为热情高昂，以至于他们相互推诿其他重要的职责。岛上的秩序很快分崩离析，他们因疏忽放火烧了一部分森林，还意外失手杀死了一个孩子。最后，他们的暴力狂欢，导致了西蒙的死亡——这是一个善良而关怀他人的男孩。小说的结局是悲剧性的，拉尔夫，一个试图保持个人正直和价值观的男孩，被一艘路过海岛的海军巡洋舰从充满了兽性的混乱中救了出来。回忆起所有惨痛的经历，悲喜交加的拉尔夫在痛哭失声之后昏倒了。

很多读者未能理解这个故事的结局，认为拉尔夫的泪水是幸福的泪水，因为他最终得到了来自文明社会的救赎。但事实上，这些泪水是苦痛的泪水，因为他看到了人类内心的黑暗。而所谓的拯救，不过是让拉尔夫从一个充满混乱和杀戮的孤岛，回到一个战火纷飞的世界。而在这个世界里，人类之间彼此的杀戮，是导致男孩们沦落到海岛上的根本原因。拉尔夫之所以哭泣，是因为他知道，无论在哪里，他都不可能从人们对彼此的恶意与仇恨中挣脱出来。

威廉·戈尔丁力图传递的观点是：人性本恶。他或许是对的，但是在看到这个观点时，也不要忘记这个世界上同样存在着各种各样的善。此时此刻，有安慰病患的医生和护士；有无数安抚和关爱自己孩子的父母；有相互关照的邻里。因此，我的理想是在学生们长大成人之后，能够通过自己的实际行动证明威廉·戈尔丁是错误的。

更为重要的是，我希望接受了我个人培训的教师们，能够去培养学生们身上那些不分等级、无法通过分数评判高低的技能。令人遗憾的是，即使有部分学生在课堂上接受了教师传达的高远目标，但在课堂之外依然被无数种可能破坏品德教育成果的力量所影响，而这些影响往往又是不可逾越的。这就是为什么很多优秀的教师放弃了品德教育。

我个人进行品性教育的目标也常常落空，尽管如此，在孩子们拿出铅笔写字或计算器进行计算之前，我还是希望他们能够学到一些令人钦佩的品质。我将在下文中，论述7种重要的优秀品质（排名不分先后），以及我如何将这些内容纳入课程。在我看来，它们比化学或历史等学科更为重要。当然，诸位可能还有其他你们认为需要补充的良好品质，如果是这样，那么下面列出的美德仅作参考。

团队合作

以待己务之忱，待他人之事。

——民间谚语

披头士乐队的乔治·哈里森（George Harrison），曾写过这样一句动人的歌词："当你终于超越自我，就能发现心灵的安宁。"每当我和学生们待在一起，这句歌词就会在我的心头萦绕。学校里看似存在无数培养团队意识的活动：参加体育活动或乐团的学生都是团队的一部分；他们还可能拥有一个会强调团队重要性的好教师。从表面上看，学生乐团的成功演出似乎意味着所有成员都了解了团队合作的重要性。但不可轻下定论，这些往往只是暂时的成就。只有乐团的学生，在演出结束、乐器收好、观众离场之后，仍能为他人着想，教师们传授团队意识的任务才算圆满完成。

我曾在许多不同的国家看过无数学生的表演，包括出彩的舞蹈、歌曲、戏剧演出，等等。学生们通常都表现非常出色，但在演出进行的同时，我往往花更多的时间去观察台下远离观众视野的地方发生的事情。很多学生在台下相互交谈或玩手机，完全不关注正在台上表演的同学。事实上，如果能够把握这一错失的良机，学生们从中学到的东西，将远比谢幕时得到的掌声更为重要。

举例来说，我们在排演莎士比亚戏剧时有一个不同寻常的要求。这是我们的课堂延续了40年的传统。在很多剧目排演过程中，教师们习惯于要求学生在特定的某天出席，仅参与自己作为主角场景的排练。但在第56号教室，所有的排练都要全员到齐。许多参演的学生，会花一个小时或更长的时间，坐在台下观摩他人的表演。我会反复地强调，在我们的戏剧中每一个学生都很重要，每个人的出席都很重要。在戏剧界，有这样一句老话，"没有不重要的角色，只有不上心的演员"。在我们的戏剧中，没有所谓的明星。如果你问学生，谁是明星，他们会告诉你，是"莎士比亚"。

在排练时，如果台下的演员和别人说话或不关注台上的排练，我就会叫停排练，走到那个失礼的孩子身边，心平气和地对他说："既然你没有注意听，那你在讲什么呢？（我总是会停顿一下，然后接着说。）你是在说，台上正在努力排练的女孩不重要？你再想一想，她重要吗？"每一次，被问到的孩子都会羞愧地点点头。显然，他们已经意识到团队中的每个人都很重要。

但我也总是失败，这并不是因为课程设置得不好，而是因为存在一些超出教师掌控范围的因素，导致学生们对团队重要性的认知总是昙花一现。我曾听到同样采用了类似戏剧排演形式的一位优秀教师，讲述了这样一个故事：他在一次排练中，告诉一个孩子，关注别人是一种尊重和礼貌。他没有冲学生大声吼叫，也没有呵斥学生，只是让其认识到自己的错误。但他明确地告诉这个小男孩，要参演戏剧，就必须时刻关注并尊重自己的同伴。但后来，他被学校管理人员叫去训话，因为他"欺凌"了这个学生。这不是在开玩笑吧？但他确实被告知，对学生进行这样的训诫，可能会惹上官司，日后务必忽略此类无礼行为，管好正常的教学秩序就好。

这位优秀的教师最终离开了教育行业，因为这实在是太难了。打倒他的，并非那些有时很难搞的学生，而是无知管理者的干预。因为后者，该教师失去了教学的热情。

我知道，的确存在一些能够支持教师们的优秀督导，他们也做得很好。

但上述故事，在学校中屡见不鲜。更可悲的是，这往往成为了一种常态。我自己就有过类似的亲身体验，我曾经因为"羞辱"一位学生而被上级责骂。这个孩子逃了一次排练，还谎称家里有急事要回家。他的个人行为当然是不可接受的，但更糟糕的是，他这种行为还损害了正在努力排练的其他同学。由于他的缺席，他们无法完成正常的排练。当我发现他在外面打篮球、吃零食时，就要求他回到教室，向正在排练的同学们道歉。我告诉他，他可以选择不参加演出，但必须为自己撒谎和逃避责任的行为向大家道歉。他选择了退出排演。第二天，他的父母就投诉到了校长办公室。学校要求我写一封道歉信，请求家长原谅我在同学面前批评他们儿子的行为。撒谎的是这个学生，最后需要道歉的人却是我。从这个真实的故事中，我们可能得到的悲惨教训是，哪怕遇到有一位热心且充满爱心的教师，当事的这个学生，可能永远也学不会超越自私自利的自我。

然而，为什么我们还要逆势而行？因为一位优秀的教师，只要成功的机会依然存在，无论有多么渺茫，都不会放弃奋斗。在我第一次见到艾文时，他还是一个胖乎乎的4年级小孩。他很安静，很多教师会忽略他。但他很聪明，也很努力。谦虚又有爱心的他，一直深受同学们的喜爱。

我看着他长大、变瘦，以优秀的成绩和坚定的做事态度，获得了大家的认可和赞扬。他上高中时，还会在每个周六过来，跟我们一起排练和准备下一个节目《亨利五世》（Henry V）。他的家境不好，需要在一家冰激凌店打零工，但他还是能够在繁重的高年级课程、足球队的活动之间，挤出时间来参加第56号教室的戏剧排练活动。通常，在完成了安排下午进行的莎士比亚剧目排演之后，他都要飞奔着跑去打工。

在一次演出开始前，艾文带了好几盒饼干和零食来到现场，分给同学们吃。给同学们买这些零食，花掉了他打零工挣到的整整一个月的工资。艾文的所作所为，充分证明他是一个超越了自身利益和兴趣的人，他在获得这个世界认可的同时，也充盈了自己的灵魂。

艾文（左）在《亨利五世》戏剧中弹吉他

后来，艾文获得了纽约哥伦比亚大学的全额工程奖学金，那是世界上最为著名的高等院校之一。艾文入学不到一年，新型冠状病毒感染疫情就席卷了全球。他从纽约回家隔离，并需要通过网络完成课程学习。回到家的第一个晚上，他就给我打电话，问我有没有什么可以为学弟学妹们做的。参演《亨利五世》的大多数孩子，都已经内化了团队合作的重要性，但并不是所有人都能做到如此。有些孩子依然在参演之后，过着只考虑自身利益的生活，但是艾文和他的一些同伴，却选择了超越狭隘的自我。当然，当一个聪明的年轻人做出这种无私的选择时，教师们也不应该居功自傲。因为我们只不过是为他们打开了一扇门。像艾文这样的年轻人，是自主选择了走进这扇门，成为更好的自己，成就更美好的世界。

同理心

教会孩子们为他人思考的重要性，从未如此具有挑战性，因为他们是"自我"的一代。每个人都想要创建属于自己的"品牌"，发布只关乎自己的社交媒体信息。他们已经没有时间去站在他人的立场上思考和行事，以致我们的世界变得越来越混乱而糟糕也不足为奇。

美国伟大的小说家约翰·斯坦贝克（John Steinbeck）写了许多令人印象深刻的著作，其中包括他最得意的作品《愤怒的葡萄》（*The Grapes of Wrath*）。

这本书记录了20世纪30年代，乔德一家悲壮而勇敢的经历。彼时，美国遭遇了大萧条，中部地区成千上万的农民失去了地里的庄稼，眼睁睁地看着它们被可怕的干旱和飓风摧毁。他们不得不背上所有家当，离开颗粒无收的家庭农场，步履维艰地朝着西部走去，背井离乡只为求一条活路。这些人世世代代辛勤工作、循规蹈矩，但是当他们的美国梦变成美国噩梦时，他们的精神也被彻底摧毁了。

一个名叫莎伦·罗斯（Sharon Rose）的女人怀孕了，但她的丈夫却因找不到工作来养家糊口的羞愧感抛弃了她。罗斯得到了乔德夫妇的照料。在故事的最后，她的孩子在分娩时死去。第二天，乔德一家又遇到了另一个苦苦挣扎的家庭。一个年轻的女孩，前来向乔德一家乞讨一些可以果腹的食物。

她的父亲已经饿得奄奄一息，一些汤水或奶水就可以救回他的一条命。这是一个格外触动人心的时刻，整个乔德家族的人都看向了莎伦·罗斯，身为一个产妇，她肯定有奶水。而莎伦也回视了这些目光，点点头说"可以"，并带着奄奄一息的男人，到谷仓后面喂奶，试图救他一命。小说到此结束。

我在50年前的高中英语课上，第一次读到这本书时，有幸得到了一位良师的指点。班上的同学们在读到这个凄美的结局时，都忍不住哭了。因为我们从约翰·斯坦贝克的书中看到，人与人之间必须互相扶持，我们必须超越个人狭隘的利益与诉求。

但是时代已经改变了，我现在教的几个学生告诉我，当教师在课堂上请同学们读这本书的时候，当读到莎伦·罗斯同意给那个男人喂一口续命的奶水时，班上的女学生们都厌恶地大喊："咿呀！太恶心了！如果是我，我绝对不会让那个男人碰我。"哪怕教师试图解释说，她们应该超越表象，去发现这一幕场景背后的人性之美，班上的女生们还是哀号着表示无法认同。教师再次解释说，这个行为与性别或性毫无关系，不过是一个拥有伟大人格的人在拯救一个垂死挣扎的同伴，而学生们还是坚定地认为，这不是一种令人钦佩且充满人性之爱的举动，而是令人厌恶的行为。

这就是教师们要面对的一个残酷现实。但正如古人有云，**"圣者，不自顾。助人者天助之，与人者，人与之"**。放到现在，很多学生会嘲笑这个哲理，但如果学生能够充分理解并认同这个信念，而不是一上来就嗤之以鼻，那么这个世界必将变得更加美好。而我个人培养学生同理心的一个方法是给学生们讲故事，帮助他们树立大局观。

几年前，我参观了一所非美国的学校，在那所美丽的学校里和一群5年级学生度过了一段时间。学生们十分热情，也非常投入，他们的教师们也是如此。他们想要向我展示每周举行一次的激动人心的活动，并认为我或许想要将这些创意照搬到美国。教师将班上所有学生的名字写在小纸片上，然后放到一个盒子里。然后，教师随机选择一张纸片，念出上面的名字。被念到名字的学生，需要到讲台上做一个表演或才艺展示。有的孩子朗诵诗歌，有的孩子选择唱歌，当教师念出一个男孩的名字时，全班的学生都开始鼓掌欢呼。当他走到讲台上时，全班的学生都满眼期待地看着他。其中一位教师满面笑容地走过来对我低声说，"这是我们班上最优秀的学生。"

全班同学都疯狂了，这个男孩一边唱着时下流行的嘻哈歌曲，一边跳起了狂野、奔放、惊艳的动感舞蹈。全班的学生尖叫着，疯狂地笑着看他的表演。突然间，这位年轻的表演者把手伸向观众席，一把拉住一个女孩，把她拽上舞台，一边用英文说着："来吧，宝贝儿！让我们跳起来！"

这个男孩开始围着女孩热舞，全然不顾她满脸惊恐的表情。这是个高高瘦瘦的小女孩，还没有完全发育。她略显笨拙，十分羞涩。随着男孩的动作变得越来越狂野，她的眼睛里噙满泪水。而班上的其他同学，对这一切视若无睹，依然在疯狂地尖叫和欢笑。

男孩的表演结束后，全场响起了热烈的掌声和欢呼声。但这个女孩，跑到教室后面的位置坐下来，捂着脸悄悄地抽泣，但没有一个学生给她任何安慰。

一个教师与有荣焉地走了过来，脸上露出了自豪的灿烂笑容，"你觉得怎么样？"

"我觉得怎么样？我来告诉你我怎么想的，我不觉得他应该是你最优秀的学生。看看那个被他硬拽到台上的小女生，她现在还在教室后面悄悄抹眼泪呢。"我不客气地回答说，"至少，在你们班这个特别有跳舞天分的男孩子真正看到同学的反应之前，他不可能是最优秀的学生。这次表演给这个女孩子带来的心理阴影或许会影响她一辈子，而这个男孩带给她的伤痛也会永远地存在。"整个教室瞬间安静得几乎可以听到针落地的声音。这些麻木不仁的学生，仿佛第一次看到了身边的同学。虽然尴尬，但教师们的确可以利用这样的时刻，使学生们产生真正的同理心。

我敦促学生心存善念的另一个方法是，进行体育运动。团队式竞争是一种有效的方式，能让人发挥出最好的一面。在打棒球或篮球时，运动员应该尽其所能帮助球队赢得比赛。然而在最激烈的比赛中，我们反而可以让学生们知道，站在别人的立场上换位思考，对自身的道德发展很重要。

如果队里有人丢了球或犯了错，他自己肯定会感觉很糟糕。无一例外，一些愤怒的队友或教练，会大叫并羞辱这个破坏了团队获胜机会的人。我们都见过太多这种典型的时刻。

在我的班级进行运动之前，我和学生们一起讨论，当有人在场上犯错时，一个心存善念的人会怎么做。在犯错的人自己已经觉得很尴尬、很痛苦的时候，我们为什么要对他大吼大叫呢？我们生气，是因为我们想赢得比赛，但让我们花点时间想想犯错的孩子，他已经感觉很糟糕了，已经感到羞耻了，我们真的有必要浪费宝贵的时间，再度羞辱一个失误的球员吗？这能帮助他下次做得更好吗？这么做最有可能导致的结果是，一个因犯错而被团队成员怒吼的球员，由于非常害怕错误再度上演，被自己的恐惧震慑，导致更多失误的发生。因此当失误发生时，比较明智的做法是，走到犯错的球员身边，告诉他不要担心，让我们继续打球。善待一个犯错的人，不仅是正确的做法，也是聪明的做法。

这只是让学生思考和培养同理心的一种方式，其实同理心的培养，必须是贯穿教师所有行动的一个永恒主题，教师不可放过任何一个有可能将同理心融入到学生日常生活之中的机会。教师可以在开展艺术、运动等活动，或阅读经典书籍的过程中教授同理心，并且永远不要低估一个好故事所具备的力量。

下面我将与诸位分享这样一个好故事，你也可以与自己的学生们分享。

有这样一个家庭，父母睿智、儿子聪明。父母教导孩子，在生活中的每一天，都要想着为他人做一件好事。每天的晚饭时间，父母都会与孩子交流，询问他当天有没有传递自己的同理心。

有一天，在吃饭时，男孩回答说："我今天对我的朋友表达了同情。我真的帮他走出了困境。"

父母一听，高兴极了，忙问发生了什么事情。男孩说："我的朋友刚买了一辆崭新的自行车。拥有一辆自行车是他多年以来的梦想。但是才到手一天，就出了意外，他把自行车的车架给弄坏了，坏得彻彻底底，无法修复了。他们家也没有钱再给他买一辆新的，他伤心得坐在房间里大哭。"

"那你是怎么表达同理心的呢？"他的父亲困惑地问。

"我去了他家。"小男孩回答说。

"去了他家？我还是没听明白，"母亲接着问，"你不会修自行车，你甚至都不会骑自行车。"

"我知道，"他们的儿子说，"但是我去了他家，和他一起坐在他的房间里，陪他一起哭。"

这是不是一个简单又生动的故事？

需要提醒的是，教师们不要指望简单地通过一两节课的讲述，就让学生们理解并培养出同理心的技能。同理心的培养，必须成为每一节课不可分割的一部分，体现在教师的课程设计里、课堂上所讲述的故事里，以及教师以身作则树立的榜样中。教师自身需要时刻展示同理心，才有可能使之成为学生精神品质的一部分。在大多数时候，教师在课堂上灌输的同理心道理，一下课就会被学生们抛在脑后，这可能会令教师们感到灰心丧气。

但不会一直如此。

我曾经教过两个学生，他们是兄弟俩——丹尼和约翰尼，家庭情况非常糟糕。他们的父亲是个酒鬼，因为严重酗酒患上了肝病，还有过度饮酒导致的各种生理和心理问题。兄弟俩都是聪明的孩子，他们下定决心不让不幸的境遇妨碍他们的成长，阻碍他们长大后为自己创造更好的生活。但是弟弟的意志相对较弱，从小学时期开始，就非常抑郁，在学校的表现也不是很好，经常对同学施暴，并自暴自弃，还伴有各种自残行为。考虑到他们的家庭背景，哪怕这两个孩子沉默寡言、自暴自弃，教师们也能够理解他们，不会过分苛责他们。

在学生具备了同理心之后，他们或许能为这个世界带来令人震惊的变化。同理心改变了两兄弟的命运。

丹尼和约翰尼在初中时结识了一位名叫迪安的朋友。迪安的家庭背景也很糟糕，警察经常造访他家，并考虑将他带离这个严重疏忽其健康成长的家庭。丹尼和约翰尼告诉迪安，他应该来参加我在周六举办的精彩课程，并恳请我收留迪安这个可怜的孩子。

听到这个请求，我其实很抗拒，因为迪安的姐姐几年前就参加过我周六的课外班，她搞出来的问题一直让我心烦意乱。精疲力竭的我满心都是纠结，因为我不是很想再接受同一个家庭出来的孩子，因为他的家庭几乎阻断了他任何进步的机会。但后来的事实证明，我又大错特错了！

迪安来到班上之后，一直很努力，并凭借优秀的表现，争取到了参加每年夏天第56号教室为期两周的莎士比亚戏剧节的机会。入住酒店的第一个晚上，迪安来到我的房间拜访我和我的妻子。我的妻子芭芭拉是位退休护士，迪安想请我们帮忙看看他的脚趾。在他脱下鞋袜之后，我们发现他的脚趾头已经严重感染了。我从没见过这么严重的感染，显然脚趾头的问题已经持续了几个星期，但他的家人什么也没做，任由孩子的脚趾肿胀、渗血直至化脓。我和芭芭拉立刻将迪安带去了医院，医院里专业而贴心的医生给他做了手术，防止发生病变。

当我们深夜回到酒店时，约翰尼和丹尼正在那里等他。在接下来的两个星期里，他们成了迪安的专属护士，为他洗脚趾、包扎伤口、记录他需要服用的药物和适当的剂量。他们努力了一整年，才争取到这次旅行，他们本该在游泳、踢球中悠闲地享受假期。然而，这两个善良的年轻人，出生于糟糕的家庭，完全有权利怨天尤人、自暴自弃，只为自己着想，但他们却选择了为帮助另一个人付出一切。这种闪烁人性之美的同理心，实属难得。

拥有同理心的丹尼和约翰尼好像忽然之间找到了力量和决心，洗心革面，变成了异常努力而勤奋的好学生，并获得了一流大学的全额奖学金。

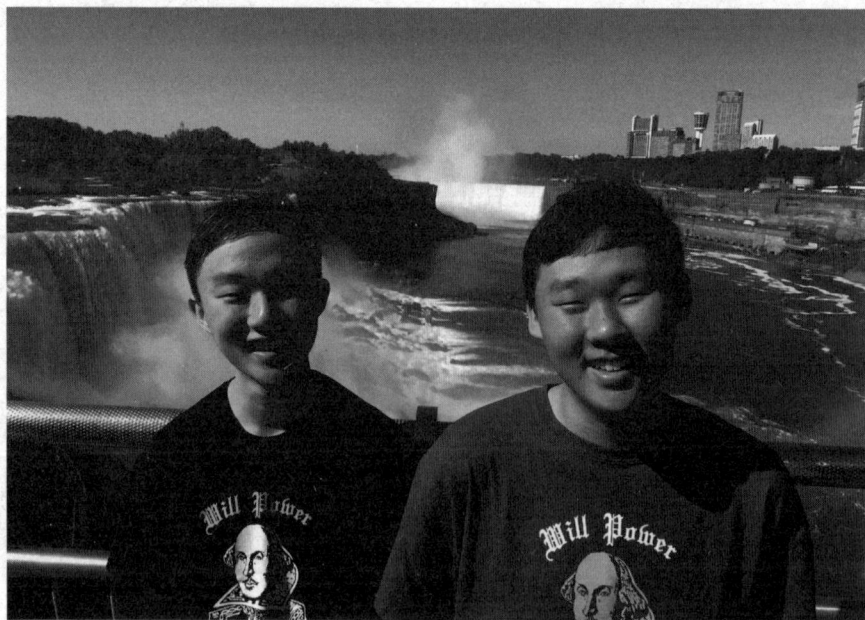

约翰尼和丹尼在纽约的尼亚加拉瀑布前合影

如今迪安已经是一名高三学生，明年就要去上大学了。

耐 心

> 不怕慢，就怕站。走得慢不要紧，最重要不要停。
>
> ——民间谚语

我时常会与学生分享斯坦福大学在1970年做的一项著名研究。彼时，一位教授召集了一群4岁的孩子，请他们依次进入一个房间。小家伙们并不知道，外面有人通过单向可视的窗户在观察自己。教授在每个孩子面前都放了一个棉花糖，并引诱受试者去品尝。但是在孩子张口吃之前，教授会告诉他/她："我现在有事情需要离开一会儿，去另一间办公室。我走后，如果你想吃棉花糖，就可以吃，但是如果你能够坚持等到我回来，你就可以得到两个棉花糖。"在这个测试中，孩子们需要等候的时间是15分钟。

教授离开之后，有人在房间外面暗中观察孩子们。有些孩子立刻吃掉了棉花糖，但也有些孩子为了获得两个棉花糖而选择等待。为了抵抗棉花糖的诱惑，选择等待的孩子表现出许多行为，有的唱歌、有的睡觉、有的自言自语，还有的自己做小游戏。

完成这个测试并记录结果之后，教授继续跟踪了这群孩子多年的发展轨迹。总的来说，表现出延迟满足倾向的孩子，在生活中所有重要的领域，表现得都比那些等不及立刻吃掉棉花糖的孩子更优秀。他们的美国高考（SAT）成绩、体质指数和受教育程度，都比那些在年幼时期抓住时机而没有选择等待的孩子更为突出。

后来，这项研究又被重复了很多次，并发现了决定一部分孩子的表现比其他孩子更好的诸多因素，包括家庭情况、经济背景和其他一系列可以解释主观行为的重要影响因素。

但为了更清楚地说明问题，我只要求学生简单地了解这项研究的逻辑，因为这个研究的结果与他们的生活息息相关。我们生活在一个快餐式社会，我们可以轻松地在网上购物、不用去电影院也可以在线看电影。很多学生想迅速地得到想要的东西，立等可取的结果就是他们倾向于迅速地给出一知半解的结论：世界就是以这种模式运作的。

然而，身为教师，我们有责任让学生知道速溶咖啡不是真正的咖啡。我们需要不断地提醒年幼的学生，完成一件壮举的难度要远远大于使用手机APP便捷点好外卖。

我想让学生们知道，莱特兄弟在改变世界之前努力了几十载，披头士乐队也不是一夜成名的，无论学生们的人生理想是成为一名建筑师、园艺师还是教师，都需要耗费成千上万个小时，磨炼和培养与之相关的技能和技巧。

对学生进行耐心的教育，能够帮助他们看到更长远的未来。通过长期项目的实践，我们可以帮助孩子们内化并掌握延迟满足的意义。在一个人人及时行乐的时代，开展类似第56号教室的艺术项目有助于启发学生的耐心。当然，这个任务只是一个例子，任何一位优秀的教师都可以尝试同样的原则来开展各种长期的项目来培养学生的耐心。青少年不同于教师，不具备那般丰富的阅历与人生经验，因此也不具备耐心等待一个有价值的最终产品诞生的必要眼光，而当他们无法理解慢下来的价值时，他们就很难成为随遇而安、持之以恒的学习者。在这个过程中，教师能够发挥的关键作用，就是帮助学生们看到最终成果的诞生。

就像你曾经看过的一档美食烹饪节目，在节目一开始，主持人会说："今天，我要教大家做一道美味的鸡肉菜肴。"在开始烹饪之前，他/她会先展示一道色香味美的成品，让观众垂涎得口水直流。然后，再一步一步地进行烹饪示范，让观众学习如何做这道菜。由于观众已经看到了最终极具诱惑力的成品，因此他们就更有动力去跟着操作。

我曾经在课堂上教孩子如何制作钩织毯子，这是一件很有趣的事情，但需要花费很多时间和精力。学生必须花很多时间整理纱线，然后才能开始动手钩织。一张小小的毯子，可能需要几个月的时间来完成，有的时候学生还可能在完成一部分之后，不知道如何继续钩织。另外，颜色的选择可能会让人感到困惑，因为很多针法的色调几乎一模一样。

当学生们进入房间学习时，他们发现房间里到处都挂着制作精美的毯子，这是一幅极具冲击力的景象，孩子们会发出"哦""啊"等惊叹的声音。这些悬挂的毯子尽展华丽的自然景观、复杂的艺术图案，以及栩栩如生的小猫小狗或其他动物。当我询问孩子们是否愿意亲自动手做一个的时候，每个孩子都迫不及待地答应了。

在真正动手制作之前，我会花大量时间解释为什么我们要学习制作毯子。我们不仅要学会一项技术，更要学会如何组织、规划和具备耐心。每天在开始动手钩织之前，学生们都要口头重申这门课的要义，即我们正在学习如何培养耐心；我们正在学习创造一个美丽的毯子，这可能需要几个月的时间，没有捷径可走。

在课程进行过程中，我都会与学生们进行下面这样的对话。

我问学生："如果你对下一步没有把握，你会怎么做？"

他们回答："我们会请您或同学帮忙。"

"我很乐意帮助你们。但那个时候我可能正在指导其他的学生。因为有可能同时有很多学生在等待我的帮助。他们在你向我求助之前就已经请求了我的帮忙。我可能需要10分钟左右才能够过来指导你。当你卡住了，要等一

初学者钩织的毯子

会儿才能够得到教师的解答时，你会怎么做呢？"

后来一些学生学会给出一个意义非凡的回复，即"我会找一个同样面临困难的同学，并尝试帮助他们"。

"这就对了！"我每天都会提醒孩子们，"这不仅仅是做毯子，你们正在练习许多技能，这些技能将在未来的生活中发挥重要的作用。一个优秀的人要学会，当自己需要帮助时，懂得开口求助。但同时也要学会，除了寻求帮助，你还要帮助周围那些正在寻求帮助的人。"

有的孩子需要连续钩织半年多，才能完成一幅作品，但我们并不急于求成。如果我问孩子们"你什么时候能够完成？"，他们的答案是："永远不会。"因为每个人都有其他更重要的事情需要完成，例如帮助打扫一些房间。有些学生可能明天就能够做完，但他的同学可能需要再多花6个星期的时间。我想要教会学生放慢脚步，确保事情按照正确的方式完成，这样的训练能够在孩子们长大之后发挥巨大的作用，比如申请大学并需要耐心等待结果的漫长数月里。在被海量的申请表、助学金申请、面试和电话测试弄得疲惫不堪时，我的学生往往能够获得优秀大学的录取，其中一个原因就是他们具备了超出同龄人的耐心。在他们成长的过程中，已经被教导要一步一步来，他们学会了耐心等待并最终获得被允诺的两个棉花糖。

最近，我们的学生们一起为我们的赞助人和老朋友——英国知名演员伊恩·麦凯伦爵士（Sir Ian McKellen）做了一块毯子。孩子们花了整整6个月的时间，钩了12000针才完成了这幅作品。孩子们享受整个过程，哪怕是操作失误和为了修正错误而多花的时间。在伦敦观看完伊恩爵士的表演之后，孩子们将礼物送给了他，看看孩子们脸上的笑容多么灿烂啊！

学会耐心等待，具备长远眼光——这是一个必须反复强调的价值理念，哪怕你开始厌倦自己喋喋不休地重复。但在一个强调快节奏的世界里，向年幼的孩子们灌输这种价值观，能够激励孩子们积极参与长期项目并成效显著。

2020年1月，伊恩爵士与孩子们在伦敦的合影

除了以上方法，我还会利用书籍和电影来推动长远价值观的培养。

只要运用得当，好的电影可以成为一种有效的教育手段。遗憾的是，我经常观察到教师们将电影作为将自己暂时从繁重的教学工作中解脱出来的工具，而学生们则忙着沉浸于观影的乐趣。与其他所有教学工具一样，只有正确运用，电影才能够发挥积极的教学作用。

在播放电影之前，学生们必须口头讨论观看这部电影的学习目标。我们看电影的动机可能多种多样，而享受和娱乐或许是最重要的理由，但优秀的电影可以引发学生关于一些基础问题或价值观的思考这一理由同样重要。

在引导学生理解耐心的重要性时，由英国导演雷德利·斯科特（Ridley Scott）执导的电影《火星救援》（*The Martian*）特别奏效。这部电影改编自安迪·威尔（Andy Weir）的著作。电影里有一些粗俗用语，所以作为教师，你必须自行判断这部电影是否适合你的学生观看。在播放这部电影之前，也需要考虑其是否符合学校的指导方针，是否能够取得家长的认同。如果这部选片获得了学校的批准，那么它就可以用来强化针对学生延迟满足能力培养的教学效果。

这部电影讲述的故事是：在一场可怕的火星风暴中，一名美国宇航员在与同伴一同撤离火星的过程中意外地被遗忘在火星上。所有人都认为他必死无疑，于是为了确保自身的安全没有返回去寻找他，而是离开了火星。在被一块金属刺穿后，这个宇航员奇迹般地活了下来。这个名叫马克·沃特尼（Mark Watney）的火星幸存者，只有可以维持几个月的食物，与地球的通信也在风暴中被切断了。在经历了绝望和崩溃之后，他重新振作了起来，利用所有的科学和数学技能规划了一条可能获得援救的路线。这种孤独求生的日子持续了好几年时间，但最终他的勇气和智慧获得了回报，他得以获救并安全返回地球。

教师可以请学生们仔细地观看影片的结尾场景，然后通过口头讨论或书面表达的形式阐述自己的理解。回到地球之后，沃特尼成为了年轻宇航员们的教导员，这些年轻人都憧憬着有朝一日可以邀游太空。沃特尼对他们说，自己常常被人问道，当被孤独地困在火星上时是否觉得自己会死去。沃特尼说，在火星上的每一天他都在与死神赛跑，但就是在这样的压力之下他反而要百折不挠，开动脑筋，运用数学的知识，或许就能解决一个问题，然后就着手解决下一个问题，在解决了足够多的问题之后或许就能回家了。当你看到学生们频频点头，欣然意识到是教师的帮助让他们掌握了新智慧时，就可以用威廉·莎士比亚的《罗密欧与朱丽叶》中的一句话结束课堂，**"明智而缓慢——跑得太快的人反而容易被绊倒。"**

诚　信

善者吾善之，不善者吾亦善之，德善。信者吾信之，不信者吾亦信之，德信。

——老子

几年前，我安排了多个城市演讲。飞机抵达一个演讲城市时，已经是凌晨2点，我只睡了不足3小时就要起来准备活动。得益于优秀的工作人员和体贴周到的接待教师们，演讲顺利结束。但是到了中午，我已经精疲力竭了。演讲的会场就在下榻的酒店附近，原计划是演讲结束之后，我可以在大厅休息一小时，然后前往火车站乘车去往下一个城市。但一位热心的年轻教师跟着我走出礼堂，一同回到酒店。她很友善，并表达了在我极度困乏时打扰我的歉意，她说在演讲后的问答环节没有机会向我提出自己的问题，并询问我是否可以占用一点时间为她解答。一看她的眼神，我就知道她急需解惑答疑，于是我坐了下来，请她讲述自己的问题。

雷夫先生，我非常喜欢您的演讲，我特别喜欢您提出的关于儿童道德培养的理念。我的问题是这样的：我是一名英语教师，直到去年之前，我觉得一切都挺顺利，我喜欢当教师。但是，上学期期末发生的一件事让我心神不宁，夜不成眠。在放暑假前，班上的一个学生告诉我他很喜欢上我的课。但他同时告诉我，尽管他很欣赏我关于诚信的观点，但他认为我错了。这个男孩解释说，他的父亲非常有钱但并不是个诚信的商人。这个学生笑着向我描述了自己的父亲如何欺瞒客户，欺骗合作伙伴。最后，这个男孩炫耀地朝我笑了笑，并吹嘘说，他长大之后想要成为像他父亲一样的人，不诚实，但却富有。我应该怎么教育这样的学生呢？

话毕，我意识到这个问题的严重性，几乎瞬间清醒，我的大脑开始高速运转，试图给出一个合理的回答，为这位教师提供一个解决这一严重问题的可行方法。

我首先告诉她，这个学生产生这样的想法并没有错。鉴于他的成长背景和经历，他在成长过程中亲眼目睹的一切，他容易走上自己父亲的老路。他会过上不光彩且自私自利的生活，会毫无怜悯之心地伤害他人，放纵自己享受物质的富足与奢侈，可能会以银行中丰厚的存款为荣。

在我自己的学校里，曾有一个教学管理员利用职务之便，"借用"本应保密的国家级考试试题，带回家给自己的女儿练习，并在考试开始前悄悄归还，然后她还逢人就吹嘘自己的孩子多么聪慧，取得的成绩多么优异。在美国，教育舞弊的巨大丑闻已经被揭开了，富人阶级斥巨资雇用罪犯作为代考的"枪手"，确保自己的孩子可以进入常春藤大学；教师们通过篡改学生的考试成绩展示自己的优秀业绩，最终被判敲诈勒索罪……

当然，我们有很多优秀的教师，正在积极地为学生们搭建一条诚信之路。为了防止考试作弊，我见过教师们在考生之间放置临时隔板，确保学生们无法看到彼此的试卷，从某种意义上来讲这种做法还挺成功的，防止了不道德的考试作弊行为。相较于任凭学生作弊而不采取行动，这种结果显然是一种进步，但是这样的做法真的能够培养孩子们的诚信品质吗？如果教师们的答案是，撤掉这些隔板就一定会有个别学生相互抄袭，那么很遗憾，很多学生会效仿身边的这些例子，只要一有机会，他们就会在考试中作弊。

我告诉这位年轻的英语教师，她可以做的一件事就是以身作则。通过以身作则的方式，教师将在学生中间树立一个不可动摇的诚信信念，并促使他们遵循你的做法。身为教师，我们无需说教，也无需苛求学生诚信，我们只需要安静地、偶尔地让学生意识到，你们的教师是一个诚实守信的人。在这里，我想要分享一个小故事。从教多年以来，我经常需要请假去其他城市给教师们做演讲。每次我请假时，好心的教学秘书都会告诉我，"别担心，雷夫。我把这个写成'病假'，这样你就不会被扣工资了"。我每次都坚持请他们把这个工资扣掉，因为我请的不是病假。那样的做法是不诚实的，我不想让我的学生认为，自己的教师通过欺骗拿到了不应拿的报酬。

教师以身作则的示范固然是一个好方法，但如果学生能够自主践行诚信做人的理念，效果则更佳。在前文中，我提到有些教师为了预防学生们在考试时出现舞弊行为而在考生中间放置了隔板的例子，我和我的学生们一年四季都会就这个问题展开讨论。这是因为很多学生多年来被灌输的一个理念就是，考试成绩就是他们的人生意义和最终目标，成绩就意味着他们的人生。但在第56号教室，考试不过是教师检查孩子们是否真正掌握了某项知识或技能的手段。如果孩子们没有通过考试，只不过是意味着有些东西需要再教一次。在我们看来，这些考试的作用是，在激励年幼的孩子们努力学习的同时让他们能够意识到，考试并不是衡量他们人生是否成功或是否具备价值的唯一标杆。应试的压力减轻了，孩子们互相抄袭的动机也就随之消失了。反过来，这种过分强调学生考试成绩的荒唐做法，也是迫使一些教师舞弊的根源。

更重要的是，学生们以获得我的信任而感到自豪。他们知道，我是一个言行一致的教师，在我的课堂上，孩子们或许人生第一次感到世界本可以是一个不存在任何腐败的地方。这令孩子们的感觉很好，如果他们老老实实地完成布置的作业，就能够学会相关的知识，而通过这个过程他们学到了远比作业本身更重要的东西。

是不是我所有的学生都会将诚信视为最重要的品质呢？当然不是。我曾有一位学生，在带着父亲闯入学校盗窃电脑时被抓了。他的父亲是个小偷，并认为自己的儿子也应该接受小偷这个职业的一些培训。这种不光彩的事情的确发生在了我的学生身上，有这样的一个父亲，即便我鼓励他去做一个诚信的人，也只会被他当成耳旁风。当然，在我们的课堂环境中，这个男孩并没有欺骗或偷窃的行为，但是在离开这个环境之后，我试图教给他的人生道理很快就被抛之脑后。

更过分的是，一些学校的行政管理人员会选择打压那些重视学生诚信品质的优秀教师。在我的教育职业生涯中，我就曾经历过这样一个可怕而令人沮丧的时刻。彼时，我的一位年轻同事正因班上出了一个偷窃他人财物的学生而感到手足无措。每天上课时，班上的学生都会发现放在课桌上和文件夹里的各种物品不见了。这个年轻的同事来寻求我的帮助，因为她觉得非常痛心。她几乎可以确定小偷是哪个学生，但是没有证据，并问我有没有什么好的解决办法。

我当时的确想出了一个不错的方法。几天后，我走进了她的课堂，告诉学生们，我在学校还承担了"保安队长"的职务。我手里拿着一盘录像带，面带伤感地告诉班上的孩子们，我拍到了有人偷东西的过程。我告诉全班同学，这个学生可能会因此惹上大麻烦，但同时表示如果这个小偷愿意到我的教室来，承认自己的错误行为，归还偷来的东西并向受害者道歉，我们就原谅他/她。不出所料，不到一个小时，这个被怀疑是小偷的学生就找到了我，并交代了全部的过程。我的同事十分感激，因为我们认为问题已经解决了。被偷了东西的孩子们在拿回了自己的东西后都很高兴，他们原谅了这个小偷，并做好了将此事翻篇的准备。

出乎意料的是，第二天早上，我就被叫到校长办公室承受了一顿令人难堪的训斥，理由是我羞辱了一个学生。年轻的同事也被训斥了，但她被训斥的理由是在遇到困难时，没有第一时间向上级求助而是找了我。我全程目瞪口呆地坐在那里。这个孩子可不是《悲惨世界》里的冉·阿让，为了养活一家人而不得不去偷一块面包，这个孩子之所以偷窃，本质上是因为他的贪婪和自私。我却要因为训斥了这样一个小偷而被领导叱骂？意识到学生的偷窃行为被忽视，欺骗的行为无需承担后果，而纠正这些错误的教师却需要负责的时候，我们都傻眼了。虽然我苦笑着沉默地接受了飞来的"训斥"，一言不发，但脑海中却浮现起马克·吐温的一段话，**"永远要做正确的事情，哪怕这些事只能令一部分人满意，让剩下的人感到吃惊！"** 遗憾的是，我的一些上级，大概是没读过马克·吐温的这段话，他们既不满意，也不惊讶，而是愤怒和无知。

当然，在教育孩子的过程中，想要剔除糟糕父母或懦弱管理者的影响几乎是不可能的，但教师们可以点出问题、种下种子，哪怕这些诚信的种子在很多学生的人生中不会发芽或成长，但将诚实和正直的信念带入每一天的教学工作中，或许依然能够收获一些意外之喜。毕竟，不尝试一下，我们永远都不会知道是否能有令人惊喜的收获。

几年前，我组织了班上的学生一起去纽约旅游，我们在著名的中央车站上了地铁。那时候正值早高峰时段，地铁上人群熙熙攘攘。其中一个孩子从地上捡到一个钱包，里面有一大笔现金，还有失主的照片和身份证。我们没办法在茫茫人海中找到失主，车站嘈杂的环境也让我们大声呼喊失主名字的做法毫无效果。

最后，我们走到问讯处，希望请售票员用扩音器呼叫失主，但亭子里空无一人。那列地铁离开了站台，留给同学们的是车站里片刻安静的沉默。在互联网还没有普及的时候，要在网上检索到失主或其电话也不太可能。学生们原本计划那天要逛很多景点，但最终经过协商大家选择在原地等待失主。

这一等，就足足等了90分钟，期间无数双向行驶的地铁停了又走。突然，其中一个孩子兴奋地尖叫起来，因为她看到了一个神色慌乱的男子。他的外

做出了诚信决定的孩子们，在地铁站里耐心地等候

貌与驾驶证上的照片十分相似。他正从站台对面的一辆长途列车上下来。他没有听到孩子们疯狂呼喊他名字的声音，却看到了一群上蹿下跳，疯狂地比划着让他等一等的孩子们。其中两个学生跑到横穿铁轨的楼梯上，把钱包递给了他。在孩子们向他告别时，他嘴里还说着要奖励孩子们的话，但是孩子们已经跑回来了。那人看了看钱包，又看看了站台对面所有的孩子们，用手轻轻地放在了心脏上方，眼神中溢满感动。我们很快上了下一班地铁，重新开启我们的纽约观光之旅。因为时间的关系，我们错过了一个计划中的景点，但在这个值得铭记的一天里，孩子们收获了一段比观光更重要的经历。

我想，在这个世界上，那么多用来比喻和描绘优秀的教师的美丽词汇中，园丁是最贴切的词，我们播下种子，在高质量的课堂上我们为学生的成长助力；在最优秀的学习环境里，我们培养受益终身的优秀品质。尽管世间的确存在无数事实上无法克服的障碍，使得美德的培养成为了几乎不可能完成的任务，但请诸位教师设想这样一个美好的未来，如果我们每个人都能够竭尽全力使美德成为课程的重要组成部分，我们将收获多么无限的可能，我们未来的世界将变得多么美妙和美好！

勇　气

> 勇于敢则杀，勇于不敢则活。
>
> ——老子

美国杰出的作家马克·吐温曾经写道："普通人往往都是懦夫。"他说的没错，普通人的确大多是懦夫。但我不希望我的学生是普通人，我希望他们都成为非凡的人。

如果我说，教师们需要为学生们不具备勇气的教育失败而负责，还请诸位不要见怪。因为我们经常看到的是，教师们非但没有为培养具备勇气的年轻人出力，反而会有意识地给学生们灌输畏惧。事实上，我经常听到一线教师们说畏惧是一种不可多得的教学工具。世界各地的学校领导都曾向我表示，"如果学生们没有畏惧之心，我们的教学活动就无法开展"。

畏惧也许的确会让课堂显得更有秩序、更安静，但它同时损害了孩子在课堂上的潜力，限制了他们的未来。太多的学生不敢向教师提问，害怕沮丧的教师怒吼："这些内容我们已经学过了，你为什么没有好好听课。"在学生心中，还有一种因为不懂而被同学嘲笑的恐惧。

这种对惹上麻烦或失去群体认同感的恐惧，遮盖了学校的所有功能和存在的意义。课堂本应是一个学习、探索和问题多于答案的地方，学校本应是一个给予欢乐、笑声、友谊、安全感和美好未来的地方，但恐惧和焦虑杀死了所有这些乐趣。这类问题发生的频次和严重的程度，往往超乎大多数教育工作者的想象。

对学生勇气的培养，也应该成为教学内容的重要组成部分，但教师们往往自己就是懦夫。当学生们每天看到的是，自己的教师因为害怕发出不同意见而招致祸端并因此保持了缄默，那么我们又有什么资格和立场，要求学生去勇敢发问呢？讲述岳飞和他了不起的成就当然很容易，但如果教师们能够勇敢地站在他们面前，为正确的事情挺身而出、维护正义，学生们就更有可能吸收和内化勇气。

最近在美国教育界，兴起了一种荒唐而可怕的趋势，许多学校正在禁止学生阅读一些有史以来最杰出的文学作品。无数无知且心胸狭隘的校董事会成员，声称这是为了"保护"学生免受任何涉及性或其他成人主题小说的毒害。说这话的人，脑子是不是正常的？如果教师们认为，初中和高中的孩子们不应该知道世界上关于性或暴力的信息，那么他们需要清醒一下。我本人一直带着低年级的学生们一起读《哈姆雷特》，还没有见过哪个学生因为读了这本小说就拿起剑杀人。这种由世界上思维最狭隘的人提倡的所谓"保护措施"，对学生来说，不过是一种悲剧。想到这里，我就气愤不已。

记得一个周六的晚上，我曾经教过的两个高中生十分沮丧地来到了教室。我问他们发生了什么事情，他们告诉我，高中的学校领导叱责了一位教师，因为后者教授了美国最受欢迎的一本小说《杀死一只知更鸟》。这本书也是我个人最喜欢的一本书，而我的学生们也很喜欢跟我一起读这本书。在过去二十多年里，这个教师一直将这本书作为阅读课程必读的经典，这本书也获得了普利策奖，并常年被评选为有史以来最受欢迎的美国小说。

然而，这本书讲述的是，在20世纪30年代的一个种族主义小镇，一个黑人被诬告强奸，一个白人律师在不可能的情况下试图为他辩护，但没有成功。书中使用了带种族歧视色彩的称呼，因为这就是20世纪30年代种族主义者的说话方式。这本书的作者显然认为，这样的语言和态度应该受到谴责。可悲的是，美国有一些无知的学校领导会因为这些语言具有种族主义色彩，就想剥夺学生通过阅读这本书学习重要事实的权利。但这些领导不明白的是，这本书没有纵容种族主义，而是抨击了种族主义。

这两位学生告诉我，在学校领导决定取消这门课时，授课教师崩溃大哭。更糟糕的是，学校里的学生开始嘲讽这位优秀的教师，称其为"种族歧视的"教师，并表示学校里有这样一位教师令他们感到恐惧。这让我想起了一出著名的戏剧，名为《风的传人》（*Inherit the Wind*）①。在这部剧中，一个

① 根据1925年的真实案件"猴子审判"（也称"斯科普斯案"）改编。一名美国高中生物教师因在课堂教授进化论，被州政府起诉。案件轰动整个美国，教会势力前来小镇声援，教授、科学家等另一阵线也来支持，加上媒体的持续报道，令小镇顿时热闹起来。

角色观察到"无知与狂热永远盛行，人们总是在煽风点火"。

但在那个周六的上午，异常伤心的两个学生其实在生自己的气，因为他们的同学在谴责教师和一本他们从未看过的书时，他们选择了保持沉默。尽管他们知道，这是一本值得阅读的名著，选择教授这本小说的教师可敬又可爱，但他们不敢说真话。我能够理解他们的选择。首先，没有人愿意听他们的真话；其次，他们可能会因为表达了不合群的正义立场而被同龄人排挤。哪怕这两个男孩读过很多讲述了勇敢之士为了正义而站出来对抗暴徒的故事，他们依然没有办法在现实生活中展示出同样的勇气。我安慰他们以后还会有其他机会。教会学生具备勇气，这对于优秀的教师与其有能力、有渴望的学生两者来说，都是一种挑战。

而在给年轻人灌输一往无前、无坚不摧的勇气信念时，我们不得不直面一些残酷的事实。学校查封了一本好书，最大的懦夫是教师自己！当好的教师被训斥时，没有其他教师站出来替同事说话，没有教师安慰他，没有教师团结起来，一起去校长办公室抗议说"你在犯错误"；没有教师帮忙组织家长，要求把这篇非同寻常的文学作品，放回属于它的课程中去。当自己的教师都没有胆量对抗错误，孩子们又怎么能鼓起勇气说出来呢？要把勇气作为日常课程的一部分来教，似乎是一个不可逾越的挑战。

那么，教师们为什么还要这么做呢？因为，有时候在别人不能站出来的时候，学生可以站出来。这就要说到安琪，她是我有幸认识的最勇敢的一名学生。

当安琪上8年级时，她参加了英语荣誉课程班（荣誉课程一般指给优秀学生提供的特殊学习机会）的学习。有一天，她那出了名懒散的教师向学生们宣布，他们要读威廉·莎士比亚的《罗密欧与朱丽叶》。许多孩子都发出了抱怨的声音，因为他们讨厌莎士比亚，哪怕他们从来没有读过莎翁辉煌戏剧的一个字。然而,安琪却很高兴。她在5年级时,曾和我一起读过《罗密欧与朱丽叶》。当她看到敷衍至极的教师拿出一套漫画书,把它们放在学生们的课桌上时,她的喜悦变成了惊恐。

"你到底在做什么?"安琪震惊地问。

"我在发《罗密欧与朱丽叶》的学习材料。"教师回答。

"那不是《罗密欧与朱丽叶》。"恼怒的安琪回应道。

"别较真,差不多吧,"教师回答,"漫画版的语言和故事更简单。"

"你是不是疯了?"安琪气急败坏地回击道,"你到底为什么敢重写莎士比亚? 他也许是有史以来最伟大的剧作家!"

"嗯,"教师懒洋洋地解释说,"因为没有学生看得懂真正的剧本。"

2019年,安琪在纽约市梳着两根辫子看棒球比赛

"那你为什么不解释?"勇敢的安琪回击道,"这就是你的工作! ! !"

当天,安琪被调离了班级,被安排到了另一个教室。她哭着给我打电话,后悔地责骂自己为什么不尊重教师。我告诉她,她并没有不尊重教师,她勇敢无畏地反抗了一个不称职的教师,她这样做是绝对正确的。我安慰她说,她今天或许输了,但她的勇敢对她的以后有好处。

虽然在预言未来方面,我不记得自己到底错了多少次,但这一次,我说对了! 4年后,安琪被哈佛大学录取并获得了比尔·盖茨奖学金。大学4年,她都会获得盖茨基金会的资助,如果她选择继续读研深造,那么研究生阶段也将继续获得资助。毋庸置疑,她的才华和天赋是令她进入哈佛的关键因素,但我们不能忽视她的勇气。她以勇气面临各种压力,比如打电话、填表、与顶尖学者竞争、进行个人面试。有成千上万的学生申请哈佛大学,但只有少数人被选中。落选的许多申请者同样才华横溢、天赋异禀。当安琪在几年前决定成为少有的、敢于挑战降低标准的教师的人时,就赢得了进入哈佛大学的资格和荣誉,她是一个真正具备了大无畏勇气的人。而勇气是现代社会稀缺的一个品质,这就是为什么,现在比以往任何时候,都更需要激励我们的学生,永远具备挑战所有不公的勇气。

感 恩

记人之善,忘人之过。

——《周书·列传·卷三十八》

"我在你这个年纪的时候……"可能是年轻人被长辈训话时,最不喜欢听到的一句话。年轻人的抵触情绪也有理可循,因为他们不需要一个不懂的人来评判他们的音乐、时尚、发型、兴趣、目标和喜好，他们完全有权利自主选择和决定自己的人生道路。思及此，我就会尽量控制自己，不要去干预年轻的学生们的自主选择。没错，他们可能会犯错误、栽跟头，但这也是他们人生必经的过程。

然而，一些重要的品质依然可以跨越年龄导致的代沟，其中一个就是表达感恩的心态。无论哪个年龄段的人，都有必要花一点时间，感谢他人的善意和帮助。花点时间来想一想，哪些人在改善自己生活方面发挥了关键的作用，比如在生日时送来礼物的亲朋好友，放弃午餐时间辅导自己完成项目的教师，生病时给予无微不至照顾的父母，在需要感同身受的同情时耐心倾听的朋友，等等。学生们在生活和成长的过程中，获得了无数人的帮助，尽管这些人提供帮助的初衷并不是为了获得感谢，但学会表达感激之情，是孩子们成长过程中必须要养成的一个重要品质。

表达感恩，并非易事。在分享我的两个建议之前，我想先请诸位听一听我遭遇了滑铁卢的故事。

我第一次见到乔恩，是在他9岁的时候，严格来说他不是我正式的学生，因为他没来上过我的课，但是他希望可以参加我为学生们开设的课后活动，并参与我们每年的莎士比亚剧目表演。我很高兴他愿意加入，这是一个有着极高表演天赋的小男孩，还长得特别帅，班上所有的女生都特别喜欢他，就像帅气的电影明星会吸引无数粉丝那样。他不仅是个出色的小演员，还是个同样有才华的小音乐家。多年来，乔恩在我们的许多剧目中出演角色，他的表演往往令观众目眩神迷，大家都惊叹于他的能力与魅力。

他的行为举止无可指摘，他既专业又守时，无论是在课堂上，还是在我们频繁地前往美国各地，甚至其他国家的巡演中，也从来没有出现过任何问题。他的成绩永远都是前几名，但我依然发现他的重大缺陷。

当时，我设计了一个引导和培养孩子们的感恩之心的活动，每次在我们回家之前，我都会问孩子们，是否想要赞美或感谢什么人。这个活动能够让孩子们花时间反思一天的经历，想想身边哪些人让自己的生活变得更美好。萨姆可能会说，"我想感谢朱迪，感谢他帮我解答了数学难题"。

在莎士比亚剧目排练结束后，我们也会开展同样的活动，有时候表演者会夸奖某人的进步，或者告诉自己的同伴们，大家一起创作的某个场景有多好。在美国，很多人都喜欢感恩节这个节日，因为在这一天，家人们分享对彼此的爱，沐浴在对过去的回忆和对未来的展望中。在第56号教室，我们每天而非每年，都会有这样一个感恩节的时刻。

然而在我和这位天才明星共事的6年里，我从来没有听过他夸奖过别人，一次也没有。现在回想起来，有一个在当时看似微不足道的瞬间，却给我留下了足够的伤痛，使我永生难忘。

我们在最近一次去纽约旅游时，参观了自由女神像和埃利斯岛。参观自由女神像当然是鼓舞人心的，观赏它、了解它的历史，总是让人着迷。游览完自由岛后，游客们再乘船前往埃利斯岛，在那里有一段内涵隽永、精心策划的语音导览，带着游客们重温一百多年前数百万移民成为美国公民的经历。班上的学生们早早吃过早餐，就开始了一天的行程。孩子们早上8点就坐上了第一班船，到下午1点半的时候，我们已经看完了所有的景点，孩子们理所当然地饿坏了。埃利斯岛上有一家餐厅，为我们提供了美味的食物和户外餐位，让我们可以在阳光明媚的日子里，有机会欣赏自由女神像在纽约波光粼粼的水面上的倒影。

等待午餐的队伍相当长，学生们在游览移民站时，已经分成了4组。我来回奔跑，确保有用餐需求的学生都排好队。与此同时，我还需要在一个小组领到食物后，赶紧到收银台支付午餐费用。外出观光时，我们从不单独支付午餐费用，因为这样会耽误进程，也会给其他排队等候的游客造成不便。但是组团点餐很费功夫，也很贵，参观这些景点和午餐的费用加起来大概要1000美元。当学生们端着餐盘，走向水边的户外餐桌时，都会亲切地向我表示感谢——除了乔恩，每个孩子都一定会感谢我为他提供的午餐和如此难忘的一天旅程。

乔恩漫不经心地端起装着食物的餐盘，径直走向用餐区，没有与我眼神交流，也没有说任何感谢的话。对于他这样的行为，实际上我应该给他一个严厉的提醒，但当时我分身乏术，太多的事情已经让我忙得喘不过气来，以至于我根本没有时间告诉乔恩，这样的行为是不可接受的。

他在班里持续展示着自己的能力、天赋与光芒。3年后，当他毕业离开

孩子们在纽约市埃利斯岛上

时，依然从未对我说过任何感谢的话，基于他之前的行为举动，这看起来并不奇怪。他没有说再见、没有祝福、没有感谢我们为他成功申请到大学而做的一切精英准备，没有感谢我们带着他去世界各地旅游，没有感谢我给他买的学习用品和用具，也没有感谢我在他的衣服破旧时为他买新衣服。学生们迟早都会离开，在离开后，有些人选择与我继续保持联系，但有些人就此销声匿迹。

做教师是非常痛苦的，因为我们总是在与学生告别。我经常会想起扬·马特尔（Yann Martel）的精妙著作《少年派的奇幻漂流》（*Life of Pi*）中的那个震撼人心的告别时刻。中国知名导演李安把这个故事改编成一部了不起的电影。少年派和他的朋友/宿敌老虎理查德·帕克（Richard Parker）在海上的一条小船上被困了几个星期，经历了生死时刻。当小船抵达陆地，少年派得救时，却因为理查德·帕克毫不犹豫的离去而感到心碎。

在丛林的边缘，它停了下来，我确信它转过头，它会看着我。它会竖起耳朵，它会咆哮。它将以这样的方式，结束我们的关系。但它没有这样做，它只是定定地看着丛林。然后，理查德·帕克，这个与我共同经历了折磨的同伴，这个可怕的、让我活着的猛兽，向前走去，从我的生活中永远消失了。

——扬·马特尔

不知感恩的学生的确会让你心碎。但很多学生其实可以学会真正的感恩，他们会花时间去表达自己的感激之情。

有的教师试图教会学生感恩，但有时这些善意努力流于表面。我曾观察过制订了"感谢规则"的教室，规则包括，如果有人好心地分发了一件学习用品或一块糖果，学生必须在3秒钟内说"谢谢"，否则礼物就会被收回。虽然很多学生在东西递过来的时候，会大声说一声谢谢，但这是条件反射的结果，就像训练有素的海豹一样，孩子们为了能吃到自己的那块鱼肉，就会大声地表示感谢。如果我们能够超越这种操作式的条件反射，能把真诚的感恩内化为青少年灵魂的一部分，那就更好了。

教会孩子写出真诚而善良的感谢信，是向年幼的孩子们灌输感恩之心的好方法。如今，有了短信和其他更便捷的通讯方式，人与人之间的交流也变得更加快速。但进步总是要付出代价的，我们与某个人的通信的确变得比20年前更容易，但速度的提高可能意味着人们会花更少的时间去真正思考通信的重要性。我们需要让学生意识到，完成任务一样的感谢，说出来是没有意义的。现在，很多感谢信变成了不得不完成的例行公事，而不是为了真正地表达谢意。就我个人而言，有时候收到的感谢条，上面要不写错了我的名字，要不就是写成其他人的名字，我都会因此笑出声来！很明显，他们根本没有花心思在这些原本要表达对他人"关怀"的信函上。

你可以向学生们展示下面这些令人感动的感谢信。这是我在过去4年中收到的4封感谢信。一封来自一个5岁的孩子，一封来自在校生，一封来自之前的学生，他现在已经上大学了，最后一封是25年前参加了我的课外活动班的一个女孩子写的。这些感谢信的一些共同点是：它们都是发自肺腑的。这些信件都证明了写信人为了真诚地表达感谢，而花时间去斟酌和努力行文与表达。学生们在阅读这些信件时，要学会的最重要一点是，一封感谢信能够提供更多关于写信人，而非收信人的信息。当你带着学生阅读这些信函时，需要提醒的是，重点不是对我的溢美之词，而是写信人在字里行间体现的真诚善意和感恩。只有这样，学生们才能够真正体悟感恩的概念。

每一封信的字句都经由我个人的抄录，以便诸位能清晰地阅读，但我希望你能看到真实的卡片，证明这些都是来自真人的真实信件。

第一封信，来自一个5岁的孩子，他的妈妈在多年前是我的同班同学。圣诞节的时候，我给他和弟弟妹妹送了启蒙玩具（一款数学启蒙磁力贴）。

看看图片，你就会知道这个小家伙在写信时付出了多少感情。

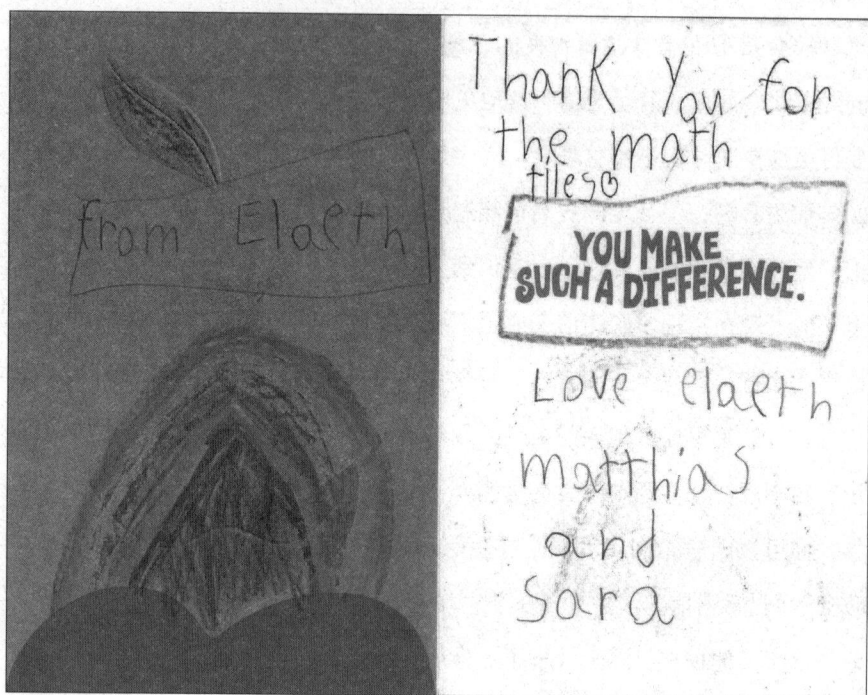

谢谢你的磁贴游戏。爱你的，伊莱斯、马提亚斯和莎拉。

第二封信是一个14岁的孩子写的，她曾跟着我们班的学生一起去英国过圣诞节。请注意她在信中回忆的各种细节，说明她花了时间回忆感受，并以真实的诚意表达出来。

Dear Rafe,

I want to thank you for everything you have done for me and for everything you continue to do. I learned so much on the trip and it was amazing being able to see a different culture. From the Holy Trinity Church to St. Paul's Cathedral, I loved seeing the beautiful artwork. I really enjoyed Hampton Court. It was so huge! The garden was unbelievable but I do agree that King Henry VIII could've used some of that money to help his people. Yet nothing could ever beat one of the most amazing nights of my life. Having dinner with Ian and going to his house really showed me how different he is from everyone else when he started signing programs for each and every one of us, you could see how happy he was to be doing it. He is a wonderful, kind person who I have had the honor to meet! Thank you for making this trip totally amazing! Thank you for taking care of us and making sure we were safe at all times. You were always prepared and I appreciate all of the research you did before we went to places. I appreciate everything you've done. Thank you so much!

Love,
Karen

亲爱的雷夫：

我要感谢你为我所做的一切，以及你继续做的一切。我从这次旅行中学到了很多东西，能够看到不同的文化，从圣三一教堂到圣保罗大教堂，真是太神奇了。我很喜欢看到的所有美丽的艺术作品，也非常喜欢汉普顿宫。它真的超级大！它的花园大得令人难以置信，但我同意，亨利八世国王完全可以把花在宫殿上的一些钱拿出来帮助他的人民。然而，我一生中最难忘的一个夜晚，是与伊恩爵士共进晚餐并去他家参观，这让我真正看到了他与其他人的不同。当他开始为我们每一个人签名的时候，你可以看到他是多么高兴。他是一个很好、善良的人，我很荣幸能见到他。

谢谢你让这次旅行变得非常奇妙！谢谢你对我们的照顾，确保我们在任何时候都是安全的。你总是在出发前做好万全的准备，我很感激你在我们去各个地方之前做的所有研究。我很感激你所做的一切。非常感谢您！

爱你的
凯伦

2020年，凯伦在伦敦市伊恩爵士家里

第三封信来自一位18岁的大学新生，她就读于哈佛大学。她的来信字里行间充斥着反思和个人色彩，甚至还调侃地提及我们之间多年来一直在进行的一场"战斗"，因为她喜欢流行音乐团体阿巴合唱团（ABBA），而我却对他们深恶痛绝！我曾出资让她随高中班级去西班牙旅游。她已经迈进了人生的新阶段，但也在回首往事时，真正理解了自己是如何达到了今日的高度。

dearest rafe and barbara,

you made this past year absolutely incredible for me, from finding these amazing trips to europe to helping me start my first year at college. i know it took effort and work to

Wishing you a sleigh full of surprises!

support the class this year, and i appreciate all the care and love you gave to me in addition to making sure the kids in Room 56 are all looked after and cared for, too. this year was a difficult one to get through, and yet you brought so much light into it for everyone around you, and i am immensely grateful. going

away for school made me realize on a deeper level just what you do for these kids, and learning from my peers i found that Room 56 is truly a class of its own merit and weight. you make possible things harvard has never seen or dreamt of (their drama department could never uphold the standards we do, at the very least), and you are an invaluable and irreplaceable part of my life no matter where we are. as this decade comes to a close, "thank you for the music" (that's an abba song!) and i can't wait to spend time with you in the uk. happy holidays, i love you!

PAPER MAGIC GROUP
CHRISTMAS

亲爱的雷夫和芭芭拉：

是你们让我在高中最后一年有了一段不可思议的经历。无论是你们资助的令我难忘的欧洲之行，还是为我刚入学的第一年提供的学习帮助，都令我无比感激。我知道，在这一年里，为支持班上同学们的发展，你们必定付出了艰辛的努力和牺牲。除了感谢你们对第56号教室的所有孩子的照顾和关怀之外，我也很需要感谢你们对我个人的关心和爱护。这一年大家都过得很辛苦，但你却为身边的每一个人带来了光明，我非常感谢你。外出求学让我更深刻地认识到，你们为我们这群孩子到底付出了多少！与大学同学的交流让我意识到，第56号教室的确是一个独一无二、价值无限的存在。你们所做的事情，是哈佛大学也从未见过或想过的（至少，哈佛的戏剧系就永远无法坚持我们在第56号教室的标准）。无论我身在何处，你们都将是我生命中最宝贵、最不可替代的一部分。在21世纪第一个十年即将结束的时候，"谢谢你的音乐"（这是阿巴合唱团的歌！），我迫不及待地想在英国和你见面。节日快乐，我爱你。

最后这封信，来自一位32岁的艺术学者——乔安娜，她曾经是我班上的学生，但现在已经从常春藤高校布朗大学毕业了。当时，我已经开始自己经营教室，并选择了远离大学区的位置办学。新教室很小，而且是在一个贫困社区的住宅楼里。因为需要前往中国给教师们讲学，我恳请乔安娜帮我代课10天。她因担任教师每天都要完成的课堂管理任务而心生感触，给我写了下面这封信。

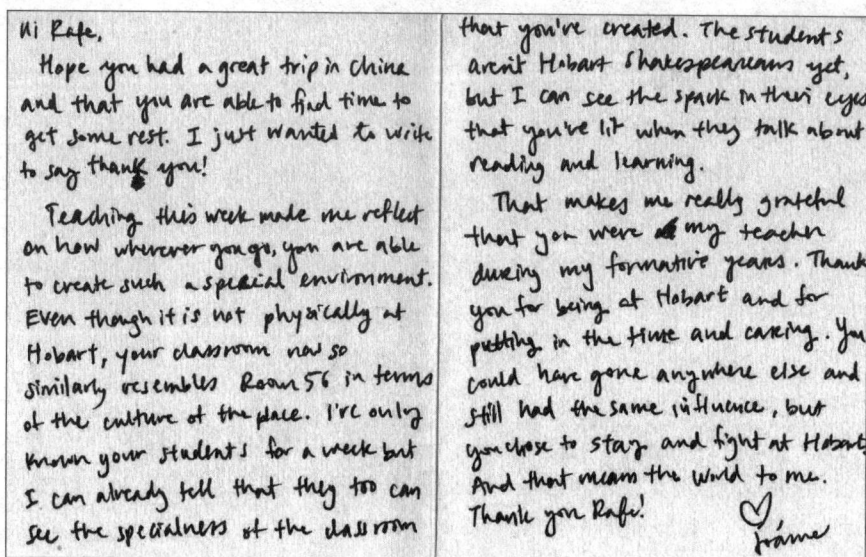

Hi Rafe,

Hope you had a great trip in China and that you are able to find time to get some rest. I just wanted to write to say thank you!

Teaching this week made me reflect on how wherever you go, you are able to create such a special environment. Even though it is not physically at Hobart, your classroom now so similarly resembles Room 56 in terms of the culture of the place. I've only known your students for a week but I can already tell that they too can see the specialness of the classroom that you've created. The students aren't Hobart Shakespeareans yet, but I can see the spark in their eyes that you've lit when they talk about reading and learning.

That makes me really grateful that you were my teacher during my formative years. Thank you for being at Hobart and for putting in the time and caring. You could have gone anywhere else and still had the same influence, but you chose to stay and fight at Hobart. And that means the world to me. Thank you Rafe!

Joanne

见信安，雷夫：

希望您的中国之行愉快，希望您能抽出时间好好休息。我只想写信向你们表示感谢！

这一周的教学让我不禁反思，为什么无论你们去哪里，都能创造出如此特别的学习环境。虽然新的教室并没有在霍巴特，但您现在的教室和第56号教室的文化氛围是如此相似。我认识您的学生才一周，但已经可以看出，他们也能意识到您所创造的教室拥有别具一格的魅力。虽然学生们还没有达到我们在霍巴特实现的莎士比亚剧目的水平，但他们在谈论阅读和学习时，我已经能看到他们眼中的火花。

这一切，真正让我心怀感激，感谢您在我成长最关键的那些年成为了我的教师，谢谢您在霍巴特投入的时间和关心。无论您去到哪里，您带来的影响都将如此深远，但您依然选择留在了霍巴特。这对我来说意义重大，谢谢您，雷夫！

爱您的
乔安娜

我经常将这4封信作为感谢信的范本展示给学生们看，并鼓励他们只要想感谢他人的付出，就踊跃地写信表达。他们曾为亲戚朋友、学校的秘书和校长，以及自己的同班同学写过感谢信。每次写信，他们都会花时间确保自己表达了真切的感激之情。在这个不断变化的世界里，花一点点时间表达我们的感恩，或许能够略微抵御环绕我们周边的自私趋势。

在此，我要感谢诸位，愿意花时间来考虑将感恩能力的培养，作为日常教学的重要组成部分。希望今天和往后的每一天，都能够成为表达感恩和感激的日子。

谦　逊

> 谦逊是一切美德的坚实基础。
>
> ——民间谚语

尽管谦逊具有很重要的意义，但其复杂性也将导致其成为最难教、最难示范和最难以说服学生的品质。你可能向学生说到声嘶力竭，因为缺氧而在他们面前倒下，他们也将对谦逊的意义无动于衷。为什么会这样呢？因为他们的全部注意力都放在了手机里层出不穷的网红视频上。

让我们直面这样一个惨淡的事实：全球绝大多数的青年人，他们生活在一个急于打造"个人品牌"的世界里，更愿意去看一些美妆博主讲解如何装扮的短视频，而不愿意潜心了解经典著作中有关谦逊品质的哲思，而这些往往在漫长人生中拥有持恒的影响力。

父母也是，他们似乎更喜欢拍下孩子的一举一动，然后恨不得花上几千个小时修图，并在社交媒体上发布"完美"孩子的照片，然后把这些折磨人的小怪物扔进教室，让教师去面对一切的难题。在这种情况下，教师还想要教会学生变得谦逊？这简直是太难了！

直面现实，我们才能找准发力点，用积极的行动让一切皆有可能。正是因为存在各种看起来根本无法克服的障碍，才需要最勇敢和最聪明的教师站起来面对所有这些问题。教导谦逊的是一项艰巨的任务，也是一场崇高的斗争。

如果是数学课，你可以简单地对学生们说，"同学们，请翻到课本第34页，今天我们要讲二次方程"。完成内容讲解之后，你可以在黑板上出一些练习题，以了解全班同学的掌握情况，然后布置一些随堂作业，要求学生们独立完成，讲评之后，就可以下课了！

但进行谦逊教育可不会这么容易，你不能简单说，"同学们，拿出你们的谦逊课本，翻到第4章"。毕竟，我们没有所谓的谦逊课本，在学生们读完一章之后，还能够提供后续的练习，检查他们对谦逊的掌握情况。

但我们可以通过活动的设计，创造一种谦逊的课堂文化。在这种课堂文化中，谦逊的行为可以调和对杰出成就的痴迷追求。下面这些建议，或许能够为诸位提供一些帮助，使诸位能在向学生们灌输谦逊这一重要美德的时候更得心应手。

- **不要展示班级获得的奖项**。我带的班级经常赢得学校和地区的数学冠军。在第56号教室里，有一百多个装裱好的证书、奖杯和奖牌，这些荣誉足以填满整个房间，但我和学生把它们都放在仓库里。因为我们希望通过持续的引导，让学生们意识到，掌握某种知识本身就是一种奖励，没有必要夸耀因此取得的成就。

- **探讨文学作品和电影中出现的各种蕴涵谦逊美德的场景**。教师们可以找出这些片段用于教学。当我们在阅读一本书或观看一部电影的过程中，发现了体现谦逊美德的场景时，一定要组织学生对这种时刻进行讨论，即使这些场景并不是这本书或电影的主题。在获得普利策奖的著作《杀死一只知更鸟》中，主人公的父亲是镇上最好的枪手，但他自己的孩子甚至不知道他会开枪。直到有一天，他在危机之下，开枪射杀了一只威胁社区安全的疯狗。他的儿子和女儿被父亲的枪法和技巧惊呆了，但这位父亲谦逊到不愿意回应孩子们的敬畏。这样的课堂讨论，可能会让一些孩子开始有意识地将谦逊的品质融入自己的性格。

- **尝试让班上的孩子们意识到，潮流热度消失的速度跟出现的速度一样快。**可以向学生讲述全球杰出的思想家都说过哪些关于谦逊的话，或者做过哪些谦逊行为。

在过去的40年里，我曾将下面这些语录悬挂在教室的墙上作为启示：

人要像竹子那样，长得越高，扎根越深。——中国谚语

一个伟大的人，总是愿意做小人物。——拉尔夫·瓦尔多·爱默生

真正的知识，在于知道自己一无所知。——苏格拉底

最优秀的人，是地位越高，越发谦卑的人。——先知穆罕默德

谦逊不是看低自己，而是不要以自我为中心。——卡尔·刘易斯

无论是垃圾清运工还是大学校长，我说话的方式不会因对方的身份而变化。——阿尔伯特·爱因斯坦

一个有才华的小号手，如果只会自吹自擂，最后只能在空荡荡的剧院里演奏。一个有才华的小号手，如果让别人认识到他的才华，就会成为一个传奇。——丽莎·埃德蒙森

两件事情将决定你的未来：一无所有时的耐心；拥有一切时的态度。——伊玛目·阿里

好的教师应该具备钓鱼者的心态，鱼线甩出去之后，不一定能够钓上鱼，空饵乃是司空见惯的结果。哪怕我们尝试了不同的鱼饵、不同的水域，在一年四季不同的时间去垂钓，依然可能空手而归，最后可能还是靠一块外卖比萨打发晚餐。

但最优秀的教师从不轻易言败，哪怕目标看起来无法完成，甚至无法衡量难度，但一旦成功了，它也将带来无可比拟的成就感。讽刺的是，尽管我自己几十年来一直在试图教导学生谦逊，但是实际上如何谦逊是我的一个学生教会我的。

我刚认识蒂姆的时候，这个小男孩几乎从不开口说话，他有口吃的毛病，多年来一直被同龄人嘲笑，这让他变得沉默寡言。在给他上课的头几个月里，我和他并不经常说话，但我仔细观察了他。在阅读课上，他的眼神告诉我，他对文章的理解远远超过了普通学生。我查看了他的档案，以前的教师给他的评语是"闷闷不乐"和"独来独往"。他的考试成绩很好，但没有人花时间去了解他。

他喜欢下国际象棋。那年圣诞节，我给他买了一台棋钟，这种工具是在国际象棋比赛中计时用的，可以限制棋手双方落棋所用的时间。我当时并没有什么特别的想法，这不过是我每年送给学生的几十件礼物中的一份，但这对蒂姆来说意义重大。他在上课时更踊跃发言了，当我试图活跃课堂气氛却讲了不受欢迎的冷笑话时，他也会捧场微笑。这个年轻人就像一块海绵，吸收着我能提供的所有智慧。

几年后，他成为全美18岁以下级别选手中最优秀的国际象棋选手之一。他赢得了他所在地区最著名的大学的奖学金，后来成为一名工程师。他娶了一个可爱的姑娘，凭借丰厚的薪资，为父母买了房子，如今有了两个漂亮的孩子。

我为他感到非常骄傲，我真的太骄傲了！每逢孩子的生日或圣诞节，我总是给他的儿子和女儿寄去套书和早教类玩具游戏。但这么做的时候，我恰恰是犯下了教导学生竭力去避免的错误。我送的礼物太昂贵，超出了合适的范围，然后我收到了蒂姆的来信。

亲爱的雷夫：

你真是太慷慨了，我们非常感谢。孩子们也非常喜欢他们的生日礼物。

但下次万万不可如此破费！

我们家的孩子没有这种享受的特权，因为我们从不大肆庆祝生日。在过生日的时候，我们只会送他们一本书或一个自制的蛋糕。只有在孩子们努力做好一件事情的时候，我们才会奖励。

看到这封信，我大笑出声，这个睿智而谦虚的年轻人让我们的关系颠倒了，现在，身为学生的他来教育自己曾经的老师，应该保持谦逊了！蒂姆是我曾经教过的最棒的学生，更棒的是，没人知道我被学生教育了。或许那些推崇谦逊美德的圣贤知道吧！

第 2 章

10个常见教学困境及破局方法

> 不要寻找答案，因为答案不可能唾手可得，因为你无法将其付诸实践。问题的关键就在于要去经历、去体验当下的问题，或许在遥远的未来，在某一天，你会逐渐地甚至不知不觉地，体验到苦苦追寻已久的答案。
>
> ——赖内·马利亚·里尔克（Rainer Maria Rilke）

我很荣幸应邀前往中国做过40多场演讲，中国的一线教师和教学主管们都非常热情周到，每一次的中国之旅都令我流连忘返。

每一场演讲都设计了问答环节，我也在网上收集了中国教师们提出的成千上万的问题，多年以来，有十个问题被反复提及。因此，我认为专门用一个章节的内容探讨这十个常见问题，可以给广大的中国教师同人们，提供一点灵感和思路。

但我也需要事先声明，教师们提出的这些问题往往错综复杂，我也没能为所有的问题提供答案。无论如何，我已经竭尽所能地为下列问题提供了我个人的答案，但这并不意味着它就是**标准答案**，毕竟，每个教师真正面对的情况可能各不相同。因此，如果我提供的思路并不适用，请一定要忽略我的意见！诸位可以将接下来的内容当成一本烹饪手册，如果你喜欢这些菜谱，不妨一试，但如果不合胃口，跳到下一个技巧也无妨！

还需要提醒诸位的一点是，我有时候也无法实现自己设定的崇高教育目标，我也没能赢得每一个学生的喜爱，没有获得每一位家长的认可，尤其是学校的领导，他们往往将我视为刺儿头！即便如此，我仍希望我对下面这十大常见问题的回答，能够为诸位带来一些启示，让诸位可以发掘到课堂的新价值！

问题1：如何与调皮的学生相处

"您的学生都遵守纪律、努力学习，但我要怎么与调皮捣蛋的学生打交道？在我的班上，总有一些学生，无所不用其极地破坏课堂秩序，而且完全不怕惩罚。您是怎么教育这些冥顽不化、有行为问题的学生的？"

事实上，每一位年轻教师在接受岗前师资培训时，或许都曾听过这样一句荒唐的格言，并天真地将其铭记于心、奉为圭臬，即：**没有糟糕的学生……只有糟糕的教师。**

这可能是我听过的最愚蠢的教导，更糟糕的是，年轻的教师们对此深信不疑。当一个不听话的学生成功地扰乱课堂，年轻教师只会回家哭泣，埋怨自己不够优秀。这样的孩子，只会毁掉自己的同学和教师的努力。

所以，我们首先要正视一个现实：有行为问题的学生的确存在。在这个世界上，有些孩子由于各种复杂的原因，根本不知道可接受行为的基本概念。而一个优秀的教师，或许可以通过耐心、善意、时间和额外的练习，帮助这些处于挣扎中的年轻学生。

我并非指的是一个背不出乘法表的孩子。我完全尊重那些宣称没有问题学生的学校领导，但是他们早已与现实脱节，他们甚至从未真正地上过一堂课。

这些有行为问题的学生，可能刻薄冷漠、乐于捣乱、心性残忍，并有暴力倾向。幸运的是，班级中的大多数孩子都足够正派，懂得一个良好的社会公民应该具备的常识。但是，只要班上出现这么一两个看似无可救药的小怪物，就可能导致教师的血压飙升！

当我面对存在严重的行为问题的学生时，我会遵循以下规则清单。请记住，下面这些规则仅供参考，其中可能有些是老生常谈的道理，但依然值得我们铭记。其他的一些新规则，则有可能帮助你与难对付的学生打交道。

• **不当的是行为而非人。**在批评年幼的学生时，切记永远只批评不当的行为，而不要上升到人身攻击。一定要确保学生知道你仍然喜欢和关心他/她。

• **做一个积极主动的而不是消极被动的教师。**在每天的课程开始之前，告诉你的学生，有一个美妙而有趣的任务正在等待他们开启。尽可能预热课堂气氛并散发你的热情。因为当学生感到兴奋时，他们的行为就会得到改善。因此我个人认为，限制不良行为的最佳方法就是提供实用且有趣的各类课程。

• **永远不要被一个行为不端的青少年学生牵着鼻子走，而忘了还需要对一天的教学工作和其他学生负责。**行为不端的学生的确值得教师的额外关注，但不应该成为教师唯一的关注点。如果我们需要与行为问题的学生进行谈话或讨论，请在午餐或放学前后进行，不要占用正常的教学时间。只有这样，他/她才会意识到自己的重要性并没有超过其他同学，而班上其他学生也会意识到自己也很重要。

• **如有可能，将有问题的学生安排到教室的其他区域。**如果有行为问题的学生在上课时捣乱，正确的惩罚应该是将其与其他学生分开，送到教室的另一个区域，这是一种合理的惩罚措施，明确地告诉他/她，因为他还没有准备好参与课程，而且他的行为已经给其他同学造成了困扰，因此被**剥夺了参与课程**的资格，但他**依然是班上的一分子**。这是一个公平的处理方法，孩子们并不讨厌严厉的教师，但会鄙视一个不公平的教师。如果你的课程风趣幽默又不失实用性，那么错过这样一节课，而且不得不围观其他同学享受课程，对问题学生来说，足以起到警示效用，他可能会因此而期盼第二天能够重回课堂。在我30多年的教学生涯中，有且只有一次，因为年幼的学生携带武器进入教室，我将他赶出课堂。不管问题学生的具体问题是什么，他们都必须清楚地知道，他们不是课堂的主宰，教师才是。

- **强调积极的一面，尽可能多地赞美存在行为问题的孩子。** 在漫长的求学生涯中，这些孩子往往因为自己令人无法接受的行为而不断地受到责骂和呵斥。多年来，倍感挫败的相关教职员工对他们大喊大叫也是可以谅解的，因为问题学生无法接受的行为必须受到谴责，存在行为问题的孩子必须学会承担个人的不当行为带来的后果。但是根据我个人的经验，当问题学生在做了正确的事情并得到教师真诚的赞扬时，他们改变自己的概率会更大。这种积极的肯定和赞美行为，会使教师自己、其他学生和问题学生都受益。

- **需要牢记的一点是，当你认为自己所有的努力都失败时，事实却不一定是这样的。** 我们对学生的教育是否有效，可能需要等到学生毕业离校10年或20年后才能知道。如果我们能够一直保持积极的态度，高标准、高要求地教学，并且始终如一地教书育人，虽然有些孩子在很多年内都无法真正理解我们的苦心、践行我们传授的道理和我们呕心沥血灌输的智慧，然而，肯定会有那么一天，那些在你看来早已被遗忘的智慧和人生道理，突然在曾经的学生身上觉醒。有时候，当教师自己对"教育失败"的挫折感消散多年之后，一个曾经被认为注定要失败的学生可能取得了一些超乎常人的成就。如果你足够幸运，那么那个在你的帮助之下改变了人生的孩子可能会回头联系曾经的教师，并说一声谢谢。但更多的时候，教师永远都不会知道孩子们的人生最后都变成了什么样子。总之，当身为教师的我们，为教育学生的失败而感到挫折的时候，不妨放下一切，睡个好觉。因为我们需要牢记的是，真正的失败是彻底放弃学生。当我们不断地告诉学生不可放弃的时候，或许我们自己首先应该时刻牢记这一点。

- **最重要的是，我劝说淘气的孩子改变行为的最成功策略就是请已经毕业的学生树立榜样**。在从教数年之后，我们肯定会与一部分曾经的学生保持联系。我们可以在他们生日的时候寄送一张卡片，或偶尔发一封邮件交流，了解一下他们的近况。如果有学生想顺道拜访曾经的教师和母校，这就是一个教育当前问题学生的绝佳机会。我们可以向他们寻求帮助，让他们从过来人的角度劝说问题学生。我经常会请一些年长的学生，花时间与现在的学生进行交流，甚至让一些有过类似经历的学生与问题学生进行私下的谈话，让后者明白教育的确能够带来更好的生活。这些存在行为问题的学生由于家庭的原因或各种各样的个人困难，长期处于闷闷不乐或悲观厌学的状态，这会导致他们永远无法发掘自身的潜力。这些问题学生可能早已厌倦了教师喋喋不休的教导，或许不信任教师，或许只是厌倦了有人不断地劝说和打扰。在这种情况下，一个年长的学生可能会重新打开他们闭塞的心灵，使他们愿意接受来自他人的劝诫。当一个问题学生遇到一个几年前还在经历着同样问题，而现在却在学校和生活中表现出色的人时，就可能受到激励并让改变成为可能。

在差不多30年前，我的班上有幸迎来一位音乐神童，她叫琼恩。琼恩3岁开始弹钢琴，对音乐充满了发自内心的热爱，没有什么事情能够将她从钢

坐着的琼恩与克劳迪奥正在讨论乐谱

曾经的学生树立了积极的榜样，创造了一个专业的音乐环境

琴旁边拉走。在上幼儿园之前，她每天至少要勤奋地练习4个小时甚至更长时间，而且是自发练习！我们从一开始关系就很好，琼恩教给我的东西，比我能够教给她的要多得多。她对于音乐的诚挚热情完全改变了我的课堂，我的课堂从此成为了如今的音乐圣地。

琼恩大学毕业后成为一名音乐教授，与大学教师同事结了婚。现在，她已经是我见过的3个最狂野、最可爱孩子的母亲。尽管她住在离我3000多公里的地方，但她每年都会回到班上为我们的莎士比亚剧目配乐，并听取现在的学生的意见，向他们传递真正鼓舞人心的音乐见解。

班上的孩子们总是说，他们在琼恩那里一天学到的东西甚至比从一个顶级音乐教师那里上一个月的课程学到的还要多。除此之外，她的到访还促使一些奇妙的事情发生。

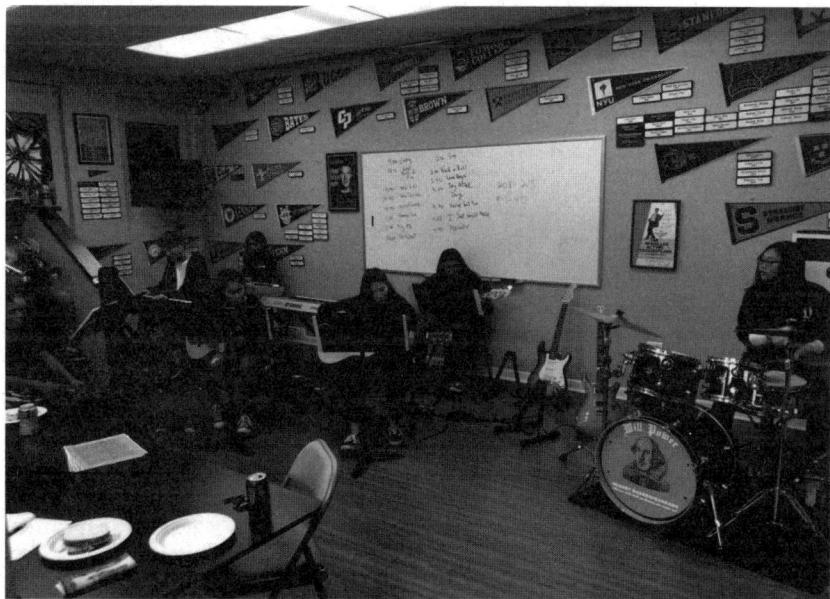

从曾经的学生身上学习的专业小音乐家们

学生们见到了一位才华横溢、卓越出色的职业音乐家,重要的是她也曾在这间教室学习过,他们还可以仔细观察她的言行举止。她就是我们每天讨论的所有良好行为的典范。她身上展示出了专注、耐心和勤奋,并且她同很多年轻的学生一样,在成长过程中也经历过挑战和问题。无须多言,琼恩作为一个成功的榜样出现,激励了班里现在的学生,让他们相信,听从教师的好建议是通往美好生活的途径。

邀请年纪相差不多的成年人作为榜样来到班上,存在行为问题的孩子们就可以看到不同的可能性。但这个方法并不总是有效,尤其是在社会上施加不良影响的人,反复告诉这些孩子"学校是无用的""阅读是无聊的""没人关心学习"等误导性信息时。通过这个做法,教师们可以为这些处于挣扎中的年幼学生提供关于未来愿景的一个不同的可能性,这些问题学生可能会对自己说,"或许你认识的所有人都不关心教育,但我见过那些曾经做出了更好决定的学生,我想要像他们一样"。

问题2:教师如何处理自己的不足与错误

"听到您分享关于令人愉悦的、天赋异禀的学生的故事,的确很鼓舞人心,但您能够谈谈您的失败吗?您最大的弱点是什么?您曾经犯过什么错误,有可以为其他教师提供借鉴的意义吗?"

如果教师们真的想要变得更好,谈论自身的不足和失败是必不可少的因素。光是列出我曾经犯过的错误、掉入的陷阱和遭遇的失败,大概就能将一个图书馆塞得满满当当。

我个人的性格中有一个致命的缺陷,它导致的失败比其他缺陷加起来还要多。即便我个人已经意识到了这个缺陷,但还是愚蠢地一次又一次掉入同样的坑里,犯下同样的错误。在本书前面的章节中我曾写道,创作本书目标之一就是回顾我个人的教学经验，帮助教师们了解我曾经走过的路，以便他们能够走得更远、更好。这就是为什么我终于下定决心分享一个严重的错误：太过自以为是，以致看错人。盲目相信自己看到学生做某事的潜力/可能性一定能成真。我已经在同样的错误上栽了足够多的跟头，但还是接连不断地重蹈覆辙，很可能我永远都无法纠正自己在教学中的这个不足。通过坦露我个人的教育生涯中最重大的滑铁卢，我希望诸位教师同人能够从中吸取教训，从而做得比我更好。

加拿大作家扬·马特尔曾细腻地描绘了人类身上一个特有的性格缺陷，他的伟大描述让我痛苦地看到了自己作为教师具有的一个糟糕品质。在这里，我们要再次回顾马特尔那本令人难忘、充满智慧的杰作《少年派的奇幻漂流》。这本书描绘了一个担任动物园管理员的父亲角色，这是一个非常强硬但充满爱意的父亲，他热情地想要教会儿子们关于生活的重要经验。

在这位父亲管理的动物园的入口处贴了这样一句话：**你想要知道在这个动物园里最危险的动物是什么吗？** 游客们只有朝帘子后面看去，才能够发现答案。但帘子后面并没有什么动物，只放了一面镜子。

父亲向儿子派解释说，人们经常自以为是地用"可爱"或"呆萌"或"忠诚"等词汇来描述动物。在一个令人震惊的场景中，父亲带着8岁的幼年派，看着一只强壮的老虎（小男孩最喜欢的动物）将一只小山羊撕成碎片，然后把血淋淋的尸体拖走并吃掉。睿智的父亲向吓坏了的儿子解释说，不要犯下自以为是的错误（这是我个人无数次犯下的错），当你认为自己"看到"某件事最可能的真相时，要特别小心，因为你很有可能只是看到了个人意志的投射。

忠言永远都是逆耳的，优秀的教师要努力学会接受来自他人诚实而公正的批判，只有这样才能够向前迈进、改进自我。能够看到学生身上隐藏的杰出潜力是一件好事，我个人坚定地相信一个存在困难的年轻学生也可以掌握艰深的学习内容。

但仅仅因为我看到了这种可能性，不意味着它一定会发生。曾经有那么几次，我敢肯定，我在孩子们的身上看到了根本不存在的东西，而时间最终证明我曾经的看法简直错得离谱。我以为自己在学生的眼睛里看到了正直和荣誉的火花，但最后时间证明我看到的只不过是自我价值的投影。

我是一个学东西很慢的人，因此在真正意识到自己的错误之前，我犯下错误的次数多到数不清。为了简单地说明问题，我下面只分享一个典型的故事。

托尼进入我的班级时，已经10岁了。他之前的教师已经无法忍受他了——这还是相对委婉的表述。翻开他以前的档案，里面写满他不堪入目的成绩，以及对他如何刻薄、自私及粗野性格的愤怒描述。他没有朋友，在操场上活动的时间也很短暂，学校的行政人员经常以他打架或偷吃他人午餐等不良行为为由，把他送进办公室接受教育。如果在课间休息时间看不到托尼，他肯定正趴在脏兮兮的浴室地板上与拉帮结伴的小混混下赌注，这孩子的种种行为都在暗示着他长大后肯定会蹲监狱。

但我个人认定，托尼的本质还是好的，就像少年派在老虎的眼中看到了仁慈那样，我错误地认为这个深陷麻烦的少年一定会因为我不求回报的付出和努力发生重大的转变。我们一起吃了很多次午饭（进行一对一的开解和谈话），我每周都会去家访，告诉他的父母，他们的儿子一定可以改好。他的父母，在多年来只收到教师们愤怒的评语和令人失望的成绩单后，终于等来了一个兴致勃勃地表扬自己儿子的教师，他们跟我一样的兴奋和期待。我教他弹吉他和打鼓，他的成绩提升的速度远远超过所有人的预期，他在美国国家级考试里的成绩也十分优异。经过一整年的付出，我们都取得了优异的表现，他交了一些朋友，并且连续几个月都表现良好，没有再被学校管理员斥责。这花费了我大量的时间、金钱和精力，但我认为，这就是一个好教师应该做的。现在回想起来，我真愚蠢！写到这里，我尴尬得脸都红了，在这个过程中，我不知道出了几百次的洋相！

托尼考上了一所体面的大学，勤奋而深爱孩子的父母砸锅卖铁为儿子赞助学费和住宿费。但是，在托尼大三那一年，这对父母在接到学校的电话时，感到了极度的茫然和困惑。原来学校从大一开始就没有收到托尼的学费，现在连人都找不到了。他的父母彻底崩溃了。后来，经过调查他们发现托尼从未去大学报到。他拿着父母给的学费和生活费，自己在外面租了一间公寓，通宵达旦地喝酒赌博，直至所有的钱都输光。更令人难以置信的是，在所有这一切的恶行被披露时，托尼毫无悔意，哪怕他窃取了父母为了他的未来而投入的一辈子的血汗钱。这种行为不可原谅！

托尼可怕的决定和失败并非完全是我午夜梦回的成因。于我而言，提供的指导和努力被学生拒绝并不是什么大事儿。每年都有成百上千的学生离开我的课堂，毕业之后，有些人继续平庸，有些人蓬勃发展，有些人回头表示谢意，有些人自此销声匿迹，没有什么值得大惊小怪。

但这些看错人的经历迫使我意识到一个更深层次的悲剧，在懊悔与托尼一起度过的那些毫无结果的、愚蠢至极的、被浪费掉的时间时，我开始在黎明前那些寒冷的早晨清醒地思考着，这些被浪费的时间本可以更有效地利用起来，帮助其他同样在悬崖边缘徘徊的学生，帮助其他的孩子避免堕落，实现人生的腾飞！这才是令我真正扼腕叹息的原因！将这些本可以花在其他学生身上的宝贵时间，白白地浪费在一个冥顽不化的人身上！

但是，行至暮年，我不再盲目，眼光也比前几十年好太多了。

尽管有时身边亲近的人依然需要帮我判断我是否超越了职责的范围，我性格中的这种缺陷仍然偶尔会重复出现。为了诚实地回答你的问题，我希望我个人的"老年雷夫的奇幻漂流记"，能够帮助你成为比我更睿智的教师。

我们的确应该对学生充满信心，充满坚定不移的信心，但切记**不可太过自以为是，盲目相信学生！**

问题3：如何对待学生早恋

"您如何看待学生的早恋问题？"

第一次听到这个问题的时候我大笑出声，因为我不知道这个教师到底想问什么，所以觉得她可能是在开玩笑。但是一个城市接着一个城市，一年又一年，每次总会有教师提到这个问题，而且现场的其他教师也会发出赞同的附和，我才终于意识到或许这是许多教师都关注的一个问题。

因为缺乏提供任何答案所需的情形和具体信息，我又请提问的教师拓展一下问题。她解释说，在她的班上有些学生对其他同学的兴趣要远远大于学习，并一口咬定学校应该严厉禁止这种早恋行为，她认为等孩子们长大成人，自然有时间去谈恋爱，现在就是学习的时候，并且想知道如何才能够防止年轻学生们的相互吸引。

我个人认为青少年群体在荷尔蒙涌动的阶段对异性产生兴趣，十分正常。我还是青少年的时候，走在教学楼的走廊上，可能看女孩子的时候比想三角函数的时候更多。回忆起自己当学生时的心情，有助于我换位思考现在学生们的立场，我时常告诫自己，不要对处于青春期的学生们爱慕彼此的举动妄下评判，因为我年轻的时候，也和他们一样。

但学生早恋，**的确**可能造成问题。几年前，我曾经教过一对年仅12岁的小情侣，这两个学生几乎形影不离，时刻黏在一起。在我们排练莎士比亚戏剧时，只要不上台表演，他们一直腻歪在一起。这种行为违背了我们课堂的基本原则，因为他们不关心同伴的表现，没有参与演出，眼里只有对方。

我与他们进行了谈话，强调了"时间和地点的恰当性"，批评了他们。我告诉他们，如果他们想要建立任何形式的、成熟的两性关系，那么必须首先在情感上做好迈出这一步的准备。我提醒他们，学校里大部分的教师，要么有稳定的对象，要么已婚，但从未见过哪位教师在校园里展示对伴侣的亲热，因为这是一个工作的场所，他们有职责需要履行。对学生来说，这也是一样的。

我积极引导他们表现出得当的行为，告诫他们，无论从时间还是地点上来说，他们这种行为都很不合适。

此外，我们学校在性健康教育方面做得非常到位，学生们都了解了发生性行为有可能导致的各类疾病及潜在的风险。告知学生这些真相，才能够引导他们做出负责任和谨慎的决定。

这样的处理办法取得了很好的效果，通过表达对他们互生好感的尊重，表示相信他们足够成熟，能够控制好自己在上课时专心致志地学习，课后互相帮助、互相促进学习，我成功地维持了与他们的良好关系，他们的学业表现也变得越来越好。当然，如果他们能够等到年龄再大一点再谈恋爱，处理这些问题会更容易。我个人认为完全禁止青春期少男少女互生情愫的强硬举措很难奏效。但是，早恋的确是一个严肃的问题，教师可以通过正确引导的方式来处理这种情况。就像我前文提过的那样，我只是提供了个人的答案，但这并不意味着它就是标准答案。

问题4：如何应对难缠的家长

"如果学生家长不遗余力地拖后腿，我该怎么办？我班上就有这样的一个家长，总是告诉孩子不要听教师的话。她这种行为，彻底地破坏了我在班上的一切努力！"

我想，大多数的教师们都认同绝大多数的家长非常支持教师的工作，乐于帮助一个班级的教学取得成功。他们的孩子来到学校之后，能够努力学习、与其他学生友善相处，尊重校园里的每个人。当我们努力工作能够得到善解人意的家长的支持，并建立一个快乐和高水平的学习环境时，身为教师的我们是幸运的。

但是依然有教师经常提出这个问题，那就说明，我们都曾经遭遇过令我们的苦不堪言的学生家长。教师最害怕**直升机式父母**（即望子成龙型父母），他们帮孩子写课后作业，认为自己的孩子就是宇宙的中心，并反复向教师强调，他们的孩子就是班上最聪明、最有才华、最受欢迎、最宝贵的人才。

现在，遇到了此类家长的教师问我："我该怎么办？"

事实上，身为教师，我们能做的十分有限。

虽然很多父母依然认为，抚养孩子是他们自身的重大责任，但全世界的教师都看到了家庭教育理念的根本性转变。这些难搞的父母处于两种极端，一种是认为自己的孩子相当完美的父母，他们把所有错误都归咎于其他学生或教师，而他们"完美的小孩"不应该承担任何责任或后果。

右边这个对比图几年前在网络上十分流行，生动地描绘了直升机式父母有多难缠。

另一种极端是推卸了孩子培养责任的父母。他们不参加家长会，理由是他们需要去参加更重要的俱乐部活动或是听音乐会。这样的父母，内心认为自己依然可以像二十来岁、还没有生养孩子时那样生活，他们忘了最重要的一点，即当你选择了生养孩子，你的生活就永远改变了。在他们看来，有孩子更多意味着一种麻烦，而不是一种责任。

当然，不负责任的父母并不是社会的常态，但近年来的确比以往任何时

候都更为普遍。我曾数十次在飞机上目睹了下面的场景：一个熊孩子不停地踢前面乘客的座椅。前排乘客礼貌地转过身来，对孩子的母亲说："不好意思，可否请您的儿子不要再踢我的椅子了？"

"他才5岁！"愤怒的母亲开始大喊大叫，好像被一群凶恶的黄蜂袭击了一样，"他才5岁！能不能别找事！管好你自己吧！"

"我知道他只有5岁，"前排乘客非常无奈地回答，"但是能不能请您让他不踢呢？"

回敬这位乘客的是这个母亲的几句脏话和侮辱性的咒骂，乘客叹了口气，意识到这将是一次充满了折磨的漫长飞行。

在我解释如何与这些难缠的家长打交道之前，希望诸位记住，有时候我们并没有做错什么。当这些家长找你麻烦时，你可能会下意识地觉得是自己做错了，但大多数情况下，错的是这些家长，而不是身为教师的你。

一位来自精英私立学校的招生办主任，曾经给过我一个搞笑但真实的建议。我的很多学生都在她所在的学校就读，但并不是所有的学生都会被录取，我（以及他们）从不觉得被这所学校拒绝是什么天大的事情，每个人都必须学会面对失望。但有些家长肯定错过了这一重要人生课程。下面是这位招生办主任曾经写给我的一封信，信中描述了一个高年级学生被这所精英学校拒绝后，其家长的反应和表现。

你应该可以想象我在招生办公室的日常，拒绝的信函发出去了，申请者被告知无法来本校学习，随之而来的是泪水、愤怒、恳求、自责——你能想象到的各种反应都有。不管是什么反应，我们都要承受。但很少有家长能够抓住这个机会，给自己的孩子补上人生最重要的一课，但是你做到了。我还记得有一次，因为你推荐的一个申请人没有获得录取资格，流泪、愤怒和恳求的人变成了我，但你没有。时至今日，我还记得你当时说的话，"生活中总是充满了失望，孩子们必须学会这一点，并意识到未来还会有其他的机会"。

我经常回想起那次谈话，特别是在读到对现任校长的采访时。若干年前的《华尔街日报》，曾报道了她谈论如何与其他学校人员一起帮助学生处理未被心仪的学院或大学录取的失望情绪。"这往往是孩子一生中第一次经历失望。"一位心烦意乱的母亲抱怨说。

如果你已经18岁了，但从未经历过失望，那么你的父母真的很糟糕。

我希望这个故事能够让你会心一笑，因为这是我的第一个建议，**不要把自己看得太重，在面对不讲理的人时，记得保持冷静**。在牢记了这一点之后，可以看看以下这些更为具体的方法，当学生的家长试图破坏我的教学效果时，我会试图用它们解决问题。

- **告诉家长，你喜欢他们的孩子**。总会有一些心怀偏见的家长，指责教师说孩子之所以表现不好，是因为教师不喜欢这个孩子。要保持积极的态度，告诉孩子的家长，尽管孩子身上存在行为和学习的问题，你依然喜欢他/她，并让家长知道与他们沟通是一件好事，因为大家都希望能够共同助力孩子的成长。

- **当家长来投诉你时，要尽量确保谈话、会面的简短。**保持微笑，但不要与家长纠缠或理论，因为你并没有做错什么。把应该说的话说完，**只说一次**就够了，然后保持沉默，继续工作，不要试图说服家长，因为我们不可能说服盛怒之下的家长。回顾一下整个班级的安排，然后回去工作。如果学生家长依然不满意，他们可以去找你的上级，因为你还有其他工作要完成。

- **要保存好学生的作业或测试试卷的副本。**如果一位母亲对孩子的成绩感到不满意，并认为自己的孩子非常完美，那么你可以向她展示孩子糟糕的作业或试卷。此外，还可以将这个孩子的作业和试卷与班上其他孩子的进行对比。有些家长根本对孩子的实际水平没有任何概念，因为他们甚至从不了解孩子的同龄人做得有多好。当他们看到其他学生的作业或试卷完成得更好时，或许会感到愤怒，但对于那些不相信自己的孩子依然需要进步的家长来说，这种现实暴击很有必要。

- **在探讨学生的缺点时，尽量使用扬—抑—扬的谈话技巧（三明治法则）。**当一个学生没有完成作业，而家长则想知道其成绩到底有多差时，可以把告诫放在两段赞美之间。在提出批评的建议之前，先说一些关于该学生的正面评价，点出问题之后，再进行一次表扬。这能够帮助家长意识到，你喜欢他的孩子，也能够看到孩子身上的闪光点。

在与难缠的家长打交道方面，我能够给出的最好建议就是**保持专业性**。要做到完全不带入个人情绪这一点非常困难。毕竟，学校里有如此多年轻的学生要求你同时具备超人的智慧、耐心和精力，哪怕是在心情舒畅的工作日，其实身为教师的我们已然处于高压之下，如果在这种时候，还有家长提出不公平的要求，或者抱怨，我们很难不感到激愤或愠怒。

切记保持冷静，做到这一点并不容易，但保持冷静的确能够缓解一触即发的情绪。一个愉快的微笑和热情的态度，能够有效降低找茬家长的愤怒值。当我们成长为更成熟的教育工作者时，我们在课堂和教学方面赢得的口碑和声誉，将能够化解脾气暴躁的家长可能造成的一些潜在问题。偶尔，你或许还能够安抚那些怒气冲冲进入办公室找你吵架的父母，在进行一场愉快而富有成效的会面之后，他们会心满意足地离开。

但是，即便无法搞定这种家长，也不必灰心丧气，要时刻牢记，有问题的人不是你，是这些难搞的家长。在极少数情况下，学生家长针对你的愤怒和憎恨无论如何都无法化解，那么就感谢他们的到来，然后回到许多爱你的学生身边去，想想这些孩子们的家长是支持你伟大的教学事业的。大可不必为了一些处心积虑想要颠覆你生活的疯狂家长而失眠，好好睡一觉吧，因为你已经尽了自己最大的努力，要相信，大多数家长都将因为你令人钦佩的努力而给予你应有的尊重。

问题5：如何应对人生的黑暗时刻

"雷夫，抱歉我想问一个比较私人的问题，我从您的著作中读到您曾被所在学区攻击，您在起诉学区之后，选择离职创办自己的教育项目。可否谈谈到底发生了什么？"

很多我个人欣赏的杰出作家都认为，一本好书的焦点不应该是作者，而应该是其读者。公开谈论我个人曾经深陷的丑闻是一件很痛苦的事情，但我个人觉得分享也十分有必要，因为我相信在我身上发生的可怕事情，有可能帮助到诸位教师同人。本着这种精神，在讲述这个故事真正重要的部分之前，请允许我先简述一下发生在我身上的事情。如果你有朝一日不幸经历了一些令人痛不欲生的时光，我希望这个故事能够对你有所帮助。

2015年本是我的退休之年，我的妻子芭芭拉在2014年身患重病，几乎是死里逃生。我的年纪也大了，所以计划在还没有搞砸教学的时候结束教学工作。2015级的学生们超级棒，无数杰出的教师和知名人士频频到访，我们计划在4月表演莎士比亚的《冬天的故事》(*The Winter's Tale*)，然后我计划在同年6月学期结束后退休，为自己的职业生涯画上一个完美的句号。

变故突如其来，在一个普通的周五，我被叫到校长办公室，被告知我需要接受调查，并被安排了"行政休假"。没人告诉我，我做错了什么，光是这一点就足以令人疯狂。到了周一，我被安排到一个办公室报到，这里被教师们痛苦地称为"教师监狱"。在那里，我被要求独自坐在一个房间里，接受那些本应为学区服务的人员的安排和调查。他们告诉我，我只能坐在一个小隔间里，每天埋头写教案7小时，期间不允许说话，且每天只能离开30分钟时间吃午餐。考虑到这个办公室坐落在一个荒凉的工业园区里，实际上这点儿休息时间我也无处可去。

这种荒唐的调查持续了几天之后，我才得知自己被调查的缘由，据说是我们学校的一位同事向上级提交了一份投诉报告，声称我在全班同学面前开黄色玩笑。事实上，我只是对经典文学作品《哈克贝利·费恩历险记》(*The Adventures of Huckleberry Finn*)中的一个场景做了有趣的评论。在这个场景中，两个骗子欺骗了一个小镇上愚蠢的居民，让后者相信他们即将被带着去看某种有伤风化的演出。这实际上是书中一个很有趣的章节，孩子们也觉得非常搞笑。

这位投诉我的教师被学区评定为我当时所在学校教学效率最低和效果最差的教师。这是一个阴郁的、可怜的、经常制造麻烦的女人，她总是在教职员工会议上信口开河、胡说八道。她一直都羡妒我获得的声名和成就。多年来一直不遗余力地诋毁我、破坏我的声誉，在过去，我一直努力去无视她这种充满恶意的行为。

但正是因为她的抹黑，我一夜之间成为了一个怪物。学区里还有教师撰文，指控我曾不正当地与学生发生肢体接触，还有"报告"称，我曾经把孩子的头撞到墙上，在课堂上当众打学生的屁股。短短几周之内，我就成为了万恶之源，除了暗杀肯尼迪总统的罪名，其他莫须有的无数恶行，都被栽赃到我身上。

那是一段极度黑暗的日子，被莫须有的指控和影射抹黑的生活，持续了整整两年。我这辈子没有身患重病的经历，除了去探望住院的朋友，我从未因骨折或其他严重病症进过医院。然而，在被诬陷不到两个月之后，我就因腿部的严重灼痛感而被送进医院，检查出可能造成生命危险的血凝块。医生告诉我，我非常幸运地及早就医，但仍然需要几个月时间才能恢复。这个症状给我带来了极大的痛苦，耗尽了我全部力量。

我从这一场灾难式的经历中体悟到三个道理，下面我将简单地说说为什么这样的体悟也与诸位有关。

首先是调查本身。在这两年里，你们能够想象到的相关教学管理者，通过肆意撒谎和抹黑，竭尽全力地想要毁掉我的教育事业。他们采访了我曾经教过的数百名学生，还甚至试图向我45年前就已经分手的前女友打探我的私人生活。他们侵入我的电脑，仔细地检索我给学生们写的信件，试图从中挖掘出可以"证明"我存在不当行为或动机的只言片语，以期扼杀我的教学工作。学校的领导们甚至恨不得爬上我家的屋顶，监视我的日常生活，以期发现我的错误行径。我和妻子都收到了来自学区内部人员的私密电话，他们在电话里悄悄地告诉我们，"我们都知道雷夫是有史以来最好的教师，但如果我们这么说，可能自己的工作就保不住了"。

那些指控我做了错事或写文章批判我的人，事实上从未到访过我的班级或见过我本人。在他们努力推动一场针对我的声势浩大的抹黑行动后，并没有任何学生或家长提出对我本人的任何形式的投诉。零投诉。讽刺的是，在同一时期校董事会主席因为被一名男子起诉性侵犯而引咎辞职。受害者在法庭上陈述说，校董事会主席抓住了他的裤裆。最终，校董事会主席对既定事实供认不讳，寻求庭外和解，并在离任前向该男性受害者支付了10万美元的赔偿金。但他同时坚持，未经对方同意就抓住男人的私处，不过是"正常的成人行为"。接任的校董事会主席依然不遗余力地迫害我，但最终因为涉嫌在政治活动中非法使用资金而被判罚，避免牢狱之灾的前提是，他需要支付罚款、提供200小时的社区服务和辞职。就是品行这般的人指控我"犯下不可饶恕的罪行"。最后，我的清白终于得到证明，我从未被指控任何罪名，甚至连停车罚单都没有收到过！我针对学区的诉讼赢得了胜利，我带着所有的福利和其他个人物品，离开了这个教育系统，但出于法律规定的原因，我不方便向诸位透露更多补偿的细节。

我从这场磨难中，了解到的第二个道理更为糟糕。这与我所在学校的教师们有关。看到我遭受的无妄之灾，没有一个教师同人为我站出来说句公道话，一个都没有。在过去，他们曾无数次地向我哭诉，希望我能够帮助他们解决教学和工作上的难题，他们曾把无可救药的学生丢到我的班上，因为他们已经束手无策；我曾自掏腰包为他们购买电脑、乐器和其他教学用品；我曾伸出援手帮助他们支付账单，应对青黄不接的情况，但真正等到我遭了难，这些人没有一个人站出来伸出援手。正如莎士比亚在《恺撒大帝》（*Julius Caesar*）中写到的："这最无情的一击。"这同时让我想到了马丁·路德·金的智慧之言："在最后，我们会记得的不是敌人的话语，而是朋友们的沉默。"

幸运的是，我还获得了第三个道理，它也是我关于这段经历最重要的体悟，让我得以重振萎靡的心态，拯救了我岌岌可危的课堂。这个体悟就是：哪怕存在邪恶的官僚机构、无良媒体和冷漠的同事，我依然有幸拥有一群真心信任我并令我心神愉悦的学生。这些孩子们活泼好动，就像天使一般抚慰着我的心灵。他们才华横溢、意志坚定，当盖世太保般的学校官员试图撒谎造谣，编造不利于我的坏话吓唬他们时，他们没有屈服或退缩，他们具备了很多成年人无法想象的大无畏勇气。在那一年，学生们即将从小学毕业时，我教过的一个学生将作为学生代表进行演讲。学校命令他不得在讲话中提到我，并威胁说如果提及我他可能陷入大麻烦。但是，当着所有学校工作人员、家长和学生的面，他站在台上，勇敢地感谢我改变了他的生活。他还表示希望我能够回到学校继续教学。最后，学校退让了，之后这个勇敢的小男孩也没有遭受任何麻烦。

事情发生之后，以前和当时的学生给我写了数千封信，在这些信件中反复提及的有两句话：**不要改变。牢记使命。**正是牢记使命这4个字，拯救了我的教育生涯。同样，我相信诸位也是因为同样的使命才进入了教育行业，也因为这个共同的使命，发生在我身上的事情才与诸位息息相关。

许多教师问我："当我的个人生活分崩离析时，我要怎么做才能成为一名好教师？"这是一个非常重要的问题，我希望我分享的个人经验能够帮助大家回答这个问题。那就是牢记使命——在过去、现在以及在未来，我的追求将始终如一，即为那些存在系统性障碍的学生打开教育的大门。

贫困、种族主义和糟糕的教育结构，使数以百万计的富有潜力的优秀儿童无法找到真正的幸福和成就。但在遭遇困难或挫折之际，切不可忘记我们成为教师的初衷。作为孩子们的行为榜样，我们遭遇的困境实际上可以转化成一个教会孩子们如何面对和处理人生逆境的机会。在我的生活被彻底颠覆、暗无天日的两年里，我离开了忠实服务了三十几年的学区，创建了一个新的教学项目。支持我的人帮助我找到了新的上课场所，我们恢复了以前在第56号教室一直以来的教学模式：阅读和再现经典文学作品、和顶级音乐人一起上音乐课、上激动人心的历史课、去世界各地旅行，当然还有莎士比亚剧目的排练和演出。我的学生们白天继续留在原有的学校里上课，在放学后和周末会来上我的课。他们前所未有地努力，充满着参与其中的快乐。看到自己的教师没有放弃，这些勇敢和正直的孩子更不可能向试图阻止全体进步的邪恶势力低头。

有近2000名教师也加入了我针对学区的诉讼，他们也同样因为莫须有的罪名而受到了不正当的对待。不幸的是，其中很多的教师在给我打电话时已经陷入了歇斯底里的状态。有些人的情绪已经完全失控了，他们沮丧而愤怒地痛哭数个小时、语无伦次、心烦意乱，甚至想要了此残生。我能够理解他们的感受，这就是"猛兽"对好人所做的事情——毁掉他们的生活，让他们无力反击。

如果你的人生此刻陷入了低谷，无论是因为家庭问题、健康问题，还是陷入其他人生困境，我个人的建议是牢记使命。牢记使命不仅可以帮助你的学生，还能够给予自己自愈的力量。当我在"教师监狱"自我反省时，当局人员不断地斥责我，"你别想着报复任何人！"报复？谁有心思去想这个事情？后来我才意识到，这是因为当他们被人抹黑并虐待时，他们唯一的想法就是报复，这就是他们心里想要去做的事情。但我不是他们。

成功是对敌人最好的报复。他们希望我就此放弃教学，但我没有。学生们依然相信我，我依然未忘记自己最初的使命。当媒体和当权者试图毁灭我时，我继续在新的教学地点和学生一起为上大学做准备。在第56号教室里，快乐的时光仍在继续。尽管周遭困难重重，但每一个来到56号教室的学生，

全新的教室，不变的成果：对文学发自内心的热爱

在全新的第56号教室里，学生们在《亨利五世》排练现场放声高歌

最终都被顶尖高校录取，并获得了奖学金和奖励，100%的成功率。这些孩子没有被系统性种族主义、贫困、疫情，甚至是试图诋毁老师的恶棍所打败。如果你能牢记使命，即使在最困难的日子里，你也能对你所做的工作感到巨大的自豪和满足。你只需要盯着那些试图毁掉你的人的脸，带着胜利者的微笑，告诉他们，你的使命已经达成。

问题6：如何平衡个人生活和工作

"我们看到您投入了大量的时间和精力用于教学，您是如何平衡个人生活和工作的呢？"

这是一个非常重要的问题，在我职业生涯的早期，我也曾苦于无法平衡工作和生活。当教师的人都知道，哪怕我们下了班离开了学校也并不意味着教学的工作结束了。我们依然需要耗费令人难以置信的时间去备课或批改作业。如果你还需要照顾家庭，想要两全其美就更难了。从教多年之后，诸位同人肯定已经意识到在带着学生一起创造和开展令人兴奋和有意义的活动的同时，想要花时间培养出一种充满爱和幸福的家庭氛围几乎是不可能完成的任务。幸运的是，我成功地兼顾了家庭和教学事业，对于教师们十分关注的这个问题，我有幸能够提供一个或许不太成熟的答案。为此我需要提醒诸位，这个答案仅供参考，因为这种寻求家庭和事业之间平衡的方法，对我个人而言十分有效，但如果你认为这个策略很搞笑，或认为这个策略已经老旧过时了，那么不妨当我在唠叨。下面就是我对这个问题的回答。

首先让我们看看这个问题本身。当你早上醒来，睁开眼睛时，问问你自己："我今天需要完成什么事情？"你可能会想着："我需要确保我的家人是快乐的、健康的，会得到妥善的照顾。我可能要照顾一个年幼生病的孩子，一个需要购买学习用品的青少年，或者一个经济窘困的大学生儿子。"

我们每一天都需要面临各种各样的挑战，我们需要花时间规划课程，批改作业，然后需要花时间上课，我们还需要每天锻炼以保持身体的健康，我们还需要每天阅读以滋养自己的心灵。我们还有家务要做，比如打扫房间，购买食物。我们有时候需要和朋友小聚，需要接待客人，当然，还有数不清的临时出现的各种重要事务，它们会打乱我们的每日计划，使我们的日程安排变得一团糟。虽然这么说可能会让你们不以为然地嗤之以鼻，但我的确能够完成所有这些繁杂的事情，甚至还有时间做得更多。难以置信对吧，这是因为我**敢于舍得**，不去做一些事情。

我不看电视，不用社交媒体软件，这就是我赢得时间的秘诀！这是真的，我不用微信、不用脸书、不用抖音，当然，我这么说也不是在批判使用这些社交媒体软件的教师，大多数人都在用，所以教师群体当然也不例外。但就我个人而言，我不愿意使用，我的理由如下。

现有的数百项公开的研究详细地说明了地球上每个国家的每个年龄段的人群分别有什么样的观看习惯。虽然这些研究的确切结果各不相同，但它们的结果大体上具有一致性。成年人平均每天会花大约6小时看电视、电脑或手机。整整6小时！

想想你可以用6个小时做什么，你可以花时间与配偶和孩子相处；想象一下你可以完成多少门课程的教学计划，或改完多少份作业；6小时足以让我们打一轮高尔夫，或练习一种乐器，甚至跑完一场马拉松。

我每天只会看3次手机，主要是检查一下有没有待回复的信息。我这辈子还没有玩过任何电子游戏，这是真的。我喜欢看体育节目和有关政治及时事的电视节目，但也只有在跑步机上锻炼身体时顺便看一看。我不会坐下来看任何电视节目，因为我每天有太多的事情要做，所以每一分每一秒都不能够浪费。我不想到了晚上临睡前才后悔今天一事无成。也许是因为我的父亲在我9岁时就去世了，所以我一直在思考生命的脆弱性。如果一个人不谨慎，重要的时刻或机会一定会擦肩而过。在我的脑海中，时常会浮现起莎士比亚的《理查德二世》（*Richard II*），他哀叹自己的悲惨命运，说："我曾辜负时代，现在时代再来辜负我。"

当然，不使用社交媒体，拒绝让媒体主导我的生活也会导致经济学家所说的"机会成本"。诚然，当人们谈论最新的电视节目、名人或由数百万人观看的爆火视频时，我不知道他们在谈论什么，我也从来没有听说过那些有数百万粉丝的头部网红，就这一点而言，当人们在工作中或在聚会上讨论此类问题时，我是不合群的，甚至完全无法搭话。

但把花在手机游戏上的时间用去干别的事情，能够收获更积极而健康的结果。我的家庭生活非常幸福，我的妻子、儿女和孙子孙女们都在活跃发展，我的学生很快就可以得到我批阅和反馈的试卷和论文，这能够激励他们更加努力地学习，取得更加优异的成绩。我的睡眠质量很高，很少出现头疼或失眠的情况，也很少因为昨天的任务没时间完成，而担心今天是不是要加班熬夜，因而睡不着或起不来。

身为教师，我们要找机会告诉孩子们，在他们的成长过程中，时间管理将是必须掌握的一项基本技能。大多数学校不太强调时间管理的重要性，但管理时间不仅很难，而且其重要性可能超过数学或化学。尽管在一个互联网的流量时代，恳请教师和学生们限制媒体的使用或许显得有些不合时宜，但如果我们能够这么做，我相信平衡个人生活和事业也将变得更容易。

我想到了约翰·罗纳德·瑞尔·托尔金，许多人认为他是有史以来最伟大的奇幻作家。在《魔戒》中，他笔下聪明的巫师甘道夫说："我们所要决定的，是如何利用我们被赋予的时间。"

请诸位慎重地思考一下我的这个建议。电脑是一种奇妙的工具，绝对能使我们的生活更美好。但是要谨慎使用，因为它们会让人上瘾，而且会妨碍教师明智地利用自己的时间。一个教师如何为个人和职业需求找到时间？正确的做法，是与孩子们一起享受用餐时间，餐桌上没有屏幕，没有手机，没有电脑。教师自己也要遵循给学生的建议，把手机收起来，勇敢地成为特立独行的那个人。如果你能做到这一点，那么有朝一日，你将不再是"你是如何平衡你的生活，并完成这么多事情的？"的提问者，而是回答者，而你可能会微笑着回答："嗯，从关掉我的社交媒体开始。"

问题7：如何合理布置家庭作业

"听说您从不布置繁重的家庭作业，是不是真的？"

没错，在本书的一开篇我就强调了杰出的教师必须具备大无畏的勇气。就这个问题而言，这就要求教师反其道而行之，勇敢地面对来自上级或同事的批评，因为他们可能会利用传统的学校操作对你进行攻击。但是，诸位千万不可因此就认为我是一个标准很低的"老好人"教师。相反，我对学生的要求非常高，我给他们设定了令人难以置信的高期望值。尽管我很少布置家庭作业，但我并不会纵容或溺爱学生。以下是我不布置很多家庭作业的原因。

回想一下你自己做学生的时候，你喜欢写家庭作业吗？完成无穷无尽的数学练习题、写历史报告、背诵教师要求的几千个词汇，你从所有这些学习任务里真正学到了多少东西？你觉得这些任务有趣吗？家庭作业会让你快乐吗？现在，请抛开自己作为教师的身份，诚实地回答我这个问题。

还记得那些个困得眼睛睁不开，不停地点着脑袋打瞌睡，但是却依然要强打精神写作业，最后直接趴在书桌上睡过去的夜晚吗？还记得那些因为晚上没有睡够，睡眼惺忪，但还是要跌跌撞撞地早起去学校的清晨吗？

难道我们希望这些在学生身上重演吗？

如果这些听起来像是老生常谈，那请允许我先为占用大家宝贵的时间而道歉，但我希望，在我的课堂上所有学生都是快乐而健康的，我希望他们发自内心地热爱学习、精力充沛地探索知识，拥有比太阳内核更充足的能量。但如果学生在放学回到家之后依然需要争分夺秒地拼命完成大量书面作业，那所有这些都只能是空谈。这种题海战术，只会让孩子们更惧怕学校，从而最终丧失学习的兴趣与热情。

老实说，很多教师之所以布置大量的家庭作业，不过是因为其他人都这么做。整个教育系统长期以来已经习惯了题海战术的做法，以至于很少有教师会想要去质疑其合理性或正确性。再者，有勇气质疑家庭作业必要性的教师，往往也会被整个系统排斥，因为遭到批判而最终选择保持沉默。

美国国家睡眠基金会（National Sleep Foundation）的调查结果显示，6—13岁的儿童，每晚应该保证9—11小时的睡眠，14—17岁的高中生，需要的时间略少，但健康的睡眠时长也应该保持在8—10小时。

我知道，学生们面临着繁重的学习任务，很多人的进度都不怎么乐观，教师急切地希望学生们能够进步，因此选择了恐吓和压榨孩子的方法，逼着孩子们彻夜学习。很多的教育工作者相信，能否承受堆积如山的课业考验将直接决定孩子们未来的命运，并认定能够服其苦者将最终功成名就，而中途畏缩或放弃者，则必然泯然于众，一事无成。但真的是这样吗？哪怕支持题海战术，希望孩子们彻夜不眠学习的教师们会争辩说，大量的作业能够培养学生的自律意识和责任感，但这两个崇高的人生目标，应该在学生的日常中潜移默化地培养，而不是通过可能造成一系列可怕后果的繁重家庭作业来一蹴而就。

我曾参观过世界各地、各个国家不同年级的课堂，哪怕学校通常只向我展示最优秀的学生，我依然能够看到他们脸上显而易见的疲惫。孩子们困得在课堂上打瞌睡，而这又会激发授课教师的愤怒，或其他不良的情绪反应。

当然，我并非认为家庭作业应该完全取消，但正如美国思想家本·富兰克林所说的那样"凡事要有度"，万事过犹不及。过于繁重的课后作业，只会使教师们原本美好的规划和使命落空。因为孩子们已经被压垮了，只剩下疲惫不堪的躯体。睡眠不足已经成为了学生们普遍存在的一个严重通病，但可悲的是，教育界的许多人选择无视这一点。而当孩子们缺乏保持身心健康所需的良好睡眠时，在课堂上打瞌睡、哈欠连天或难以集中精力听讲等一系列后果也将不可避免地发生。

睡眠不足还可能导致肌肉酸痛、记忆力下降、抑郁、头痛、震颤、血压升高、易怒、糖尿病和肥胖问题等。

我认识的许多学生，一般在晚上6点或7点左右回到家。虽然学校放学时间提前了，但学生还有体育运动、俱乐部和丰富多彩的项目活动要参与，而且参加这些往往需要利用放学后的时间。完成所有这一切回到家时，学生们已经度过了漫长的一天，我的希望是此刻的他们能和家人坐下来一起吃饭，与亲人分享一天的体验和收获。为了保证学生们能够在10点或10点半之前上床睡觉，保证身体的健康和快乐的情绪，我不想布置需要4个小时才能完成的家庭作业。如果我想看到学生聪明、快乐地成长，并以清醒而机敏的状态迎接我为他们准备的后续课程内容，那么他们在忙碌的一天中，或许根本没有足够的时间来完成繁重的家庭作业。

但我也会布置家庭作业，不过会将作业量严格控制在1小时内可完成。我从来不布置课后阅读的作业，具体的原因我将在本书第4章中详细阐述。如果我希望学生们练习某一项计算技巧，那么布置的题量不会超过10道，这是因为如果孩子们写完10道题就可以掌握该技能了，为什么还要浪费时间重复地写100道？而如果他们写完10道题也没能领会该技巧，重复100遍也不过是增加挫折和痛苦而已，对技能的掌握并无裨益。对于这些学生，最好的解决办法是让他们第二天带着问题来学校请教教师，而不是埋头盲目地刷题。同样的理念适用于所有的科目。我布置的家庭作业只会涉及一些问题或疑问，旨在强化学生在课堂上学习的内容和掌握的程度。归根结底，家庭作业的作用不过是为了巩固已经吸收的内容，或发现尚且需要赶上进度的学习问题而已。

第56号教室的学生都是音乐家，这也是他们每天晚上的主要家庭作业。他们喜欢练习教师布置的曲目。尽管倡导大量布置家庭作业的人宣称，数小时的高要求练习能教会学生遵守纪律，但实际上，这种要求不过是在教学生服从。大多数的孩子完成教师要求的繁重家庭作业，是因为他们不得不这样做，而在第56号教室，年轻的音乐家们主动练习应该练习的作品，是因为他们想这样做、喜欢这样做。得益于现代技术的进步，孩子们在练习过程中，可以立即得到关于表演的反馈，因为他们可以和同伴一起演奏，甚至可以通过数字和虚拟方式，与其他演奏家和歌手一起练习。

一个孩子独自练习小提琴的孤独时光已经一去不复返了。孩子们睡前，花1个小时练习歌曲和和声时，他们会更快乐。短暂的练习结束之后，他们拥有足够的睡眠时间和良好的睡眠质量，使他们第二天可以神清气爽地前往学校，以最饱满的精神和热情迎接教师为他们精心准备的教学内容。

仍然有部分教育工作者认为，课后作业太少会让学生拥有太多没有被安排的自由时间，这是对宝贵学习时间的浪费，导致学生根本学不到东西。虽然这种说法不无道理，但根据我个人的经验，无论作业量的多少，强制要求学生完成作业的填鸭式教育，对学生来说没有任何好处。

此外，不给学生布置强制性的学习任务避免压迫学生还有一个附加的好处，此举将提振学生对相关课程的主动性和兴趣，并允许他们有更多课后自由的时间，根据自己的好奇心和兴趣，自行探索答案，完成自主学习。在第56号教室，不断有学生针对我们在课堂上没有涉及的内容或素材，提出精湛的问题或极佳的点评，这令我感到异常震惊。学生们会知道历史上某些特定的事件或任务，某些重要的文学作品，或当前发生的重大时事，我有时候会惊讶地问"你是怎么知道的？"，而学生可能只会不慌不忙地耸耸肩，回答说因为听到或读到的激起了兴趣，他们在课后开展了独立研究，拓展了相关领域的知识。只有当学生没有被无休无止、毫无意义的家庭作业压垮时，他们才会有时间和心情去做这些奇妙的探索，最终实现自主学习。

这不是什么抽象的理论，而是第56号教室多年来的实践。学生们在学校表现良好，被一流大学录取。比起同龄人，他们更快乐、更健康，比大多数学生更努力地学习，需要承担的强制性学习任务更少，他们的睡眠时间更长、质量更佳。发自内心的勤奋学习，使得他们的成绩和学习效果比那些因担心后果而埋头苦学的孩子更有成效。保持这样的精神状态，孩子们在上课时，会对教师精心准备的课程给予全身心的投入。

具有讽刺意味的是，很多家庭作业的布置都违背了它的初衷。试着少布置一些家庭作业，你就会发现学生变得更健康、更快乐、更聪明，而身为教师的我们，也将因此更健康、更快乐和更智慧。

问题8：如何看待不同国家的教育

"您是否认为，美国的学校比中国的学校好呢？"

不，我并不这么认为！

美国有许多好学校，有成千上万的敬业、有爱心的教师，但不能免俗的是，许多所谓的教育"成功"是完全建立在以讹传讹的神话或者彻头彻尾的谎言之上。这就是美国学校系统的现状，就像美国令人惊叹的、鼓舞人心的宪法一样，在纸面上看似完美无缺的东西，在现实的严格审视之下，就会发现它的裂缝无处不在。在这片"自由国度"的土地上，存在无数严重的问题，而最严重的问题或许是数百万的民众拒绝承认美国实际上存在的诸多恶行。

美国一贯喜欢宣称自己是一个主张平等的国度，然而极少有美国人会承认美国所得的财富是建立在对奴隶的压迫与压榨之上的。即使在今天，紧张的种族关系依然频繁地导致街头斗殴，非裔美国人不得不告诉自己的孩子如何保护自身的安全——他们要防范的对象是警察而非罪犯。美国继续鼓吹其美国梦，即出身贫苦之人通过自身的努力和天赋可以成为人上人。虽然这种千载难逢的可能性的确曾经发生，但我们不得不承认一个铁一般的事实：调查数据显示，全美40%的财富把持在全美最富有的1%的公民的手里，而底层的80%的美国人，只共享了7%的财富。普通的员工需要工作一个多月，才能够赚到高薪CEO一小时的薪酬。

同样，美国的教育系统也不像其宣称的那般优秀。在中国，大部分教师能够尽职尽责地完成分内的工作：数学教师真正地了解数学这门学科，历史教师大多博古通今，但在美国情况并非如此。据我观察，在美国很多教授阅读课程的教师自己不读书，很多小学教师甚至缺乏基本的计算能力，甚至没办法合算学生的卷面成绩。对于美国的教师来说，像鸵鸟那样把头埋在沙子里，假装一切完美，当然是很容易的，但如果我们真的想要改进教育的质量，就必须进行痛苦但必要的自我审视，找出自身的缺陷，才有可能获得更好的教学效果。

此外，在中国，成为一名教师比在美国艰难。教师们必须接受必要的岗前培训，通过考试和试讲，才能够成为一名正式的教师。但美国的优势在于施行小班教学。这就要求小学阶段的教师成为全科教师，负责教授所有的科目，但这对于大多数教师而言是一场灾难。虽然有些学校施行团队教学，但是当这些年幼的学生升入初中和高中之后，他们的历史和科学知识非常薄弱。这也不奇怪，因为美国许多的小学教师，在这两个科目上没有花费足够的心思，所有的教学就是走一个过场，所以学生不可能学到真正有用的知识。而美国的学校选择了掩耳盗铃，掩盖这些残酷的教育事实。当其公民在被教育系统耽误而沦为庸人之际，依然宁愿自欺欺人地认为万事皆顺。

这种虚妄的盲目自信同样存在于小学之上的较高教育阶段，并且变得益发普遍，以至于没有人有精力或胆量去指出不足。而少数敢于提出问题，提醒管理层注意美国教育系统缺陷的大无畏的教师，往往成为恼羞成怒的学校高层的攻击目标，因为这些人宁可装聋作哑保住自己舒适的工作，也不愿意接受来自真正关心和关爱学生未来的教育工作者提出的尖锐挑战。

下面就是美国的大学先修课程班的常见景象。所谓的先修课程班，就是为那些全校最优秀、最刻苦的学生开设的高级班。就在前几天，一个参加了先修课程班的优秀高中生向我抱怨说，他的英语荣誉课程班要求读托妮·莫里森（Toni Morrison）获得诺贝尔奖的作品《宠儿》（*Beloved*）。这是一本杰出的小说，但是晦涩难懂，哪怕是最勤奋的高中生也无法消化。但是，全班同学都老老实实地按照教师的要求开始阅读这本小说，而没过几天，所有的学生都放弃了。显然，教师自己也没看懂，所以他请学生们"自行完成课后阅读"。当然不会有人回家后接着读，然而，出人意料的是，这位教师年复一年地得到了表扬和家长们的称赞，因为他带领学生一起阅读了伟大的文学作品，甚至于这个教师自己，也对此深信不疑！这种虚伪的做派，让我觉得很不舒服。

但是也请诸位不要偏信我个人的一面之词，听听美国历史上最杰出的两位社会批评家和讽刺家的说法。对美国学校系统的第一个描述来自马克·吐温，他在19世纪写道：

我从未让学校的教育，成为个人教育的绊脚石。

但马克·吐温的尖锐评论并没有止步于学校，他继续抨击了管理学校的人。

即便如此，美国的教育系统也并没有任何改善，于是100多年后的乔治·卡林（George Carlin），面对依然糟糕如故的教育现状，再度提出了严厉的批评。他将沉闷、单调且令人麻木的教育，比喻成将潜在优秀学习者变为僵尸的体制：

这是一份应该被干掉的人员的名单……让我们先从学生家长开始。这些愚蠢的父母，他们或在车子的保险杠上贴上贴纸，写着'我们是米德维尔学校荣誉学生的父母，并以此为荣'，或将那些前程无量的孩子，送进各种各样听起来专业至上、百利而无一害的教育中心，任其剥夺孩子的个性，将孩子变成美国消费文化中毫无主见的、顺从的灵魂死亡者……

真正的教师也知道美国的教育体系是不合标准的，下面这封信来自在美国州教育委员会就职的认真工作的年轻人，可以作为佐证。他在信函里写道：

我完全无法看清美国公共教育的未来，这让我特别忧心，尤其是美国教育体系的行政管理可谓问题多多。其中最令我担忧的是行为问题。我走访的所有学校都存在课堂管理不善的严峻问题。学生们极度不尊重人，并且不会因此受到任何的惩罚。我亲眼见过无数的学生，视若无睹地经过教师们面前，招呼也不打一声。而这种行为，在美国的小学和初中已经非常严重。

周五放学后，我与学校的一位教师聊了聊。她是发自内心地热爱教学，但在教了5年之后，决定在今年年底离职。在美国，中小学阶段的在职教师的流失率非常高。这位教师告诉我，学生的行为存在很大的问题，她感受不到来自学生的尊重，尤其是在付出了那么多的时间和精力之后。我观摩了她的课堂，尽管她的课堂管理并不是很好，但学生们的行为依然令我感到震惊，电影都不敢这么拍！我们如何才能够吸引和留住优秀的教师？作为一个教学管理的行政人员，我已经发现教师队伍的规模正在不断地缩小，这令我感到十分忧心。而如果教育工作人员不能上下一心地解决问题，那么情况根本不可能好转！

当然，美国的大学系统是非常出色的，美国有各种形式和规模的高等院校。在那里，年轻的学者们可以体验到高等教育能够提供的所有奇迹，无论在课内还是课外。但据我个人的观察，我认为中国的教育体系，从幼儿园到高中都比美国好得多。当然，中国的教育体系也存在一些问题，比如班级人数太多。由于学生太多，中国的教师就很难给学生提供一对一个性化的教育引导。

但在中国我曾与数千名教师们交谈甚多，他们愿意在周末休息的时间驱车数百里，参加一个有望提升教学技能的会议。一个无可否认的事实就是，中国教师对教学的奉献精神和对教学技术的尊重程度，普遍高于美国教师。为此，如果你想把自己的孩子送到美国上高中，不妨三思而后行。

我对诸位的忠告是不要迷信美国的教育体系，中国的孩子在中国能够接受更好的教育，毕竟，月亮依然是故乡的更明。

问题9：家长如何支持教师

"雷夫您好，我是一名家长，我家里有两个孩子，我的问题是我应该怎么做，才能够支持教师的工作，并让孩子们在学校表现得更好？"

这个重要的问题，在教育工作者听来不亚于天籁之音。我们都曾遭遇过难缠的家长，但实际上大多数的父母都拼命想为孩子的成长和发展提供助力。这些家长关心孩子的教育，肯定教师的辛勤工作，并愿意付出一切支持教师们的工作。当这些优秀的家长寻求指导时，我希望从下面两个方面提供建议。

在家里家长需要做好的事情

作为家长的我们才是孩子们的终生榜样。因此，想要营造一个支持孩子在学校取得成功的家庭环境，家长们可以考虑以下几点建议：

- **成为一个阅读者**。很多的家长在孩子写家庭作业时，选择在一旁看电视顺便监督孩子的进度，但如果我们能够在空闲的时间以身作则地进行阅读，那么孩子更有可能跟着做。我们将通过实际的行动向孩子证明，阅读不仅仅是一项在学校里需要完成的活动，更是受过教育的成功人士应该终生保持的良好习惯。

- **让孩子帮忙做饭**。家长们可以考虑让孩子们参与晚餐的准备工作。迫于繁忙课业的压力，很多孩子习惯于饭菜都准备好之后直接上桌吃饭。让孩子们帮助做饭、布置餐桌，能够让他们意识到自己也是家庭的一分子，也需要贡献自己的劳动，而不是衣来伸手饭来张口，等着父母伺候自己。

- **在用餐期间关掉电视**。吃饭的时候要把电视关掉，一家人坐在一起可以交流一下当天的经历，聊一聊政治、艺术或文学。确保孩子们参与对话，而不是是或否的敷衍。晚餐有时候是给孩子们灌输外界价值观的最佳时间。孩子们将潜移默化地继承父母的价值观，他们需要来自父母的关爱和教育，才能够在离开家庭的避风港之后，有能力应对来自学校和生活的各种挑战。

- **确保卧室就是睡觉的地方**。许多专家已经表明，孩子的卧室是用来阅读和睡觉的，因此在这个房间里不应该有电脑或电视。虽然这些都是了解当前社会信息的必要工具，但它们不应该成为生活的中心。我经常把卧室称为"睡房",这是一个很好的描述,可以帮助年幼的孩子了解到他们的房间是用来休息的,而不是用来玩电子游戏的。

- **减少吹嘘和攀比。** 在此,我想代表全世界的孩子,恳请诸位家长,不要给其他父母打电话吹嘘自己孩子的成就;不要将孩子的考试成绩与其他孩子的进行攀比。每一个孩子,都是一个独立的个体,有着自身独特而必要的存在意义,他们不需要通过"打败"别人来验证自己的优秀品质或存在的价值。我自己曾亲眼见过这样的场景:热衷于攀比的父母为争论谁的孩子更优秀而吵得不可开交。你可能认为夸耀自己的孩子是一件好事,但是等你的吹嘘结束之后,其他的父母或许就会开启嘲讽模式。他们可能会背着你私下嘀咕,"这个家长得可悲成什么样,才会对孩子取得的微不足道的成就满足到这种地步?"相信我,他们的批判很有道理。

- **让孩子感受音乐世界的魅力。** 热爱音乐的孩子,无论做什么事情都能够表现得更好,我将在本书的第4章论述这背后的科学道理。我的建议是尽量让孩子在5岁前接受某种形式的音乐训练。如果学校没有开设相关课程,那就想想办法吧。

- **要保证孩子充足且高质量的睡眠。** 给孩子设定一个严格的、没有商量余地的睡觉时间,因为还在成长发育的孩子必须获得足够的睡眠。

家长需要辅助学校做好的事情

- **做好家校沟通,尊重教师和学校处理问题的流程。** 如果你觉得孩子的班级有任何问题,首先去找他/她的负责教师。让教师第一时间知道家长的诉求和担忧非常重要。有些家长,一旦发现问题或心生不满,就直接去找到学校的行政管理人员。这对于教师来说很不公平,如果教师犯了错误,也要给他/她一个了解家长想法的机会,然后陈述自己的观点并纠正错误。如果家长的诉求十分合理，但与教师的沟通不畅，那么你去找位于食物链更高一级的工作人员来解决问题理所当然，但你需要牢记的是，要先找教师，给他们一个了解你的诉求和问题的机会。

- **站在教师的立场上换位思考**。作为家长，即使我们对教师的行为或班上发生的事情感到不满，在气势汹汹地插手课堂之前也要考虑一下教师的立场。身为教师，他可能需要协调数百个学生的不同诉求，可能已经被每天满满当当的工作安排压得喘不过气来。在这种高压之下，如果教师犯了一个错误，比如没有及时了解关于你孩子的一些信息，那身为家长的我们在提出投诉时要合理而客观，不要过于情绪化。要**学会与教师合作**，而不是将其视为敌人，这种处理方法才最符合孩子的利益。

- **要记住自己的孩子并不是世界的中心**。不是全世界都要围着你的孩子转。万事都要求教师以自己的孩子为重，是我从教师们那边最常听到的抱怨。作为父母，对于我们来说，自己的孩子或许是全世界最重要的存在，但不要忘了，一个教室里有很多学生。你的孩子固然非常重要，但身为家长，如果我们能够明确地向教师表明，我们的孩子是班级成员中的一个，并不需要被特殊对待，那么教师或许更有可能听取你的合理建议。

- **加入孩子的教育团队，与教师和学校携手合作**。不妨问一问孩子的老师，作为家长，我们能够提供什么帮助。我曾遇到过一些非常给力的学生家长，他们能够帮助学习困难的孩子解决数学难题，或自己设计课程来教孩子。甚至还有学生家长，主动要求教全班的孩子烤饼干或缝纫。有的教师希望家长完全不要插手孩子的教育，这种思路是错误的，优秀的教师永远能够与家长合作，因为家校合作、共同育人对于孩子来说是最好的模式。家长和学校其实要在同一个团队中工作，因为我们都秉持着同样的期望，即希望孩子能够健康、快乐地成长，收获人生的成功。

- **默默无闻地提供帮助**。身为家长，当我们为学校提供支持时，要确保让孩子们知道不要期待会得到老师任何特殊的优待或关注。告诉孩子，老师是为整个班级提供服务，而不是为了他/她一个人。身为家长我们要树立榜样，我们需要始终以身作则，让孩子意识到团队比个体更重要。

许多年前，我班上有一个叫大卫的小男孩。他表现得非常出色——头脑聪明、性格开朗，深受同学和教师喜爱。他的各科成绩都很优秀，无论是阅读、艺术、数学、音乐、体育、科学，还是历史。这是一个闪闪发光的学生，虽然这个比喻很老套，但他的确是一颗冉冉升起的星星。

开学第一个月后，我们召开了家长会，我见到了他的父母。他们**都**来参加会面，在一个饱受贫困地区教育问题困扰的学校里，这是不寻常的举动。而且我们这里更常见的情况是，父母双方都不出席学校的活动。

他们对班上的学生和学习情况了如指掌，他们带着与儿子每天进入第56号教室时一样的热情，笑着分享了很多故事。短短5分钟，我们意识到大卫拥有所有令人愉快的品质背后的秘密：他的父母就是完美的行为榜样。虽然身处一个充斥着暴力和悲伤的环境，但他们每一天都努力通过自身的勤奋，平静地为儿子撑起一个和平和满足的生活环境。他们积极参与、支持孩子的学校生活，并愿意以任何方式提供帮助。总而言之，他们就是孩子长大之后想成为的那类人。

大卫的杰出优秀顺理成章，这是因为他的父母本身就是杰出而优秀的家长。

问题10：如何保持教学活力

"当您提及自己的年龄，并表示自己已经当了爷爷的时候，我感到十分震惊。您是如何在从事多年的教学工作之后，依然保持年轻和活力的？您都

不会感到厌倦吗?"

教学的确会令人疲惫不堪,无数优秀的教师都会被繁重的教学任务搞得精疲力竭。永无休止的备课和批改试卷,加上难缠的学生和家长,再强壮的灵魂也可能在日复一日的消耗中变得虚弱不堪。再加上永无止境的会议和"最新"的教学突破,在从教十年之后,再优秀、再热血的教师,也会开始数着日子等待下一个假期,这并不奇怪。

反观我自己,在从教40载之后,反而比刚开始踏上讲台时更有活力。当然,我不是什么盖世英雄,也不是超人,更不是疯子(虽然有时候看起来的确有点古怪!),但我依然对教学充满了无尽的热情。尤其是与学生们待在一起时,我仿佛有用不尽的精力和体力。但这个问题的确是个好问题,值得深思熟虑之后再回答。

美国歌手兼作曲家、诺贝尔奖得主鲍勃·迪伦写了一首鼓舞人心的歌曲,叫作《青春永驻》(*Forever Young*),考虑到它的传播度和流行度,它看起来更像是美国的国歌,并且多年来被许多艺术家翻唱。对我来说,这不仅仅是一首歌,而是一种实际的生活方式。我的确实现了**青春永驻**,如果你愿意接受下面的建议,那么你也一样可以。

大约40年前,我坐在一个坐满教师的大礼堂里,听着最新的教育专家的演讲。当时我还没有正式踏上讲台,但我的兴奋之情溢于言表。当时的我,激情有余、理性不足,全身心都是即将拥有属于自己的学生的迫切之情。但是,当我环顾会堂里的所有面孔时,我被许多教师的不快乐和疲惫所震撼。

他们看起来阴郁不得志,表情刻薄,在考虑我自己的未来时,我向自己保证,永远不要让自己沦落至此。我当时问了自己一个很重要的问题,现在我也请诸位回答一下,在思考这个问题的时候,请忘却自己人民教师的身份,把自己当成一个独立的人即可。这个问题就是:"什么能够让你感到快乐？"在你作为一个人的生活中，做什么能够给你带来快乐和成就感？是画画？烹饪？跑步？集邮？还是吹长笛？

当我在大约40年前向自己提出这个问题时，我的回答是"莎士比亚"。当然，这并不是要求所有人都喜欢莎士比亚，他是我个人最喜欢的剧作家，从我3岁时父亲和母亲给我讲莎士比亚的睡前故事开始，他就一直是我的最爱。我看过所有改编成舞台剧的莎士比亚剧目，并将其中几乎一半的剧目牢记于心，我是莎士比亚忠实的粉丝。

我也喜欢音乐，尤其是摇滚乐。我的吉他弹得相当好，尽管跟母亲相依为命（父亲在我9岁时去世），家里没有足够的钱让我上精品音乐课程。不过，像披头士这样的著名乐队，还是激发了我对吉他的兴趣。

现在，轮到诸位回答这个问题了，是什么追求能够使你保持精力充沛和年轻？据我观察，如果你只是按照课程表（通常是由不从事一线教学的人设计的）进行教学，哪怕你尽了最大努力，依然会变得日益倦怠和无聊。当然，身为教师我们必须遵守公认的学习标准，但我个人建议，在教学大纲之外，我们还需要用能激起发自内心的热情和振奋灵魂的东西作为补充，并根据个人的激情开展一项课外活动。

没错，这意味着额外的工作量。但相信我，这会给你带来无尽的乐趣。如果你喜欢烹饪，为什么不成立一个烹饪俱乐部？告诉你的学生，每周一到两次，他们可以到你的教室或学校的空地上学习你的独家食谱，做一道菜肴或甜点。如果你收集邮票或硬币，不妨让对此同样兴趣十足的孩子有机会在某些日子的午餐时间与你见面，你们分享彼此的收藏。

当然，这样的计划也有不足。身为教师，我们的时间有限，我们有固定的课程要教，有一个家庭要养。在每天疲于奔命地完成各项必须完成的任务时，还要主动给自己加码，分配更多的工作，肯定是个弊端。

　　但是，将个人的热情投入到课堂中的积极意义是不容忽视的。

　　由于将俱乐部的活动设计为选修课，我们不会遭遇学生的行为问题。在一个普通的班级里，我们需要教的学生可能是小天使，也可能是小怪兽。但当我们为感兴趣的学生创建一个特殊班级时，我们只与真正的热衷者合作。当然他们并不一定都是"聪明的孩子"，他们知道自己很幸运，因为教师为自己付出了额外的时间和专业知识，他们也懂得自己必须在任何时候都尊重教师和同伴。想象一下，在这样一个班级里，每个人无需教师的强制要求，就都能够一直在听课。这难道不是教师梦寐以求的天堂吗？

　　参加了兴趣活动的孩子，会开始把你看作一个有独立人格的个体，而不仅仅只把你当成他们的授课教师。他们会比以前更加尊重、喜欢和欣赏你。当这些孩子回到正常的课堂时，他们将帮助创造一种文化，即使是那些通常不尽力的学生，也会开始努力投入学习。你将拥有一群专属的学生（通过特殊的课外活动，他们会非常了解你），并因此能够帮助你打造有利于学习的日常课堂环境和氛围。

　　也许最重要的是，你会更了解你的学生。你将能够与他们进行真正的对话，了解他们的恐惧和担忧，当他们在你平时的课堂上课时，你会成为更好的导师。因此，请根据自己的个人兴趣爱好开展一项课外活动，无论是阅读、跑步、乒乓球或素描，哪怕你教的科目是中文或物理，都无关紧要。这样的活动，不仅仅能够让你跳出既定科目的教学，还能让你收获更多的益处，与充满热情的学生分享你的个人兴趣的每一天，都会令你变得越来越年轻，而不是越来越衰老。

　　就我个人而言，我花了好几年时间，才创建了第56号教室这个现在被全世界公认为独一无二的教育项目。我一开始没有设想到这样的成果，我的初衷只是想让教学和我的班级变得更加有趣和令人兴奋。由于我的学生经常把英语作为第二语言来学习，阅读和学习背诵莎士比亚正好可以帮助他们掌握英语并且成为演讲的高手。后来，我们开始在课堂上表演莎士比亚的戏剧。最初的几年，我们的表演比较粗糙也很业余，但我每天都在学习和成长，学生们也是如此。

多年来，我遇到了欣赏这项实践的教师和其他专业人士，我构建了一个才华横溢、魅力四射的团队，创造了霍巴特莎士比亚剧团，并呈现了很多令人难忘的演出。但请记住，最后的演出效果并不重要，过程才是一切。曾经的戏剧加上几首歌曲的简单表演形式，现在已经发展成为复杂的音乐作品，有了出色的音乐和歌唱。通过与天赋异禀的成年人合作，我树立了行为榜样，将我的学生带到了一个完全不同的学术高度。孩子们见证了我寻求帮助，向比我懂得多的人咨询，甚至失败的过程。但在遇到困难时，我从未放弃过。在日常生活中，第56号教室的孩子们也学会了这种"不退缩，不放弃"的精神，在他们长大成人，进入优秀大学并为自己创造非凡的生活时，这种精神将继续发挥积极的作用。

要做到这一点并不容易，因为总会有一些人，试图阻止你超越传统课堂的界限。消极的人、持反对意见的人、嫉妒的同事，以及被马克·吐温称为"昆虫权威"的可怕的毒蛇，总是会试图阻挠你，使你无法揭露他们的平庸之处。还有一些人，他们喜欢你的教学成果，但却懒得投入工作。很久以前，一位客座教师看着我和孩子们一起为《驯悍记》（*The Taming of the Shrew*）一剧创作音乐。他很喜欢，但是他问："我们明年要演什么戏？"我告诉他：《哈姆雷特》。他很困惑，因为他觉得我们正在练习的音乐，与莎士比亚的著名悲剧好像不太契合。我解释说不会不合适，因为我们每年都会学习新的音乐。他大声质疑："但这将需要成百上千个小时的工作。"

"我很乐意啊。"我高兴地说道。然后我就再也没见过他了。我们不可能取悦所有人，尤其是那些想让我们的工作变得容易的人，这世上，没有任何轻轻松松就能够完成的伟业，从未有过。

不要搭理这些反对者和懒人，我们自己多付出一点又何妨？当你这样做的时候，一定会收获惊喜。你不会那么容易就厌倦或疲惫，你会变得更加快乐和满足。等到40年后，环顾四周，你看到同事们曾经闪亮和乐观的脸庞布满疲惫和苦涩。但是你却与众不同。这是因为，除了遵循课程，你还加入了自己的个性和激情，使每一天的教学都独一无二。你终将能够人如歌名，青春永驻。

第 **3** 章

来自学生的真诚反馈

> 如果我们愿意弯下腰来谦卑地聆听，那么生活中最伟大的教训，或许不是来自那些成年的智者，而是出自天真无邪的稚儿之口。
>
> ——圣雄甘地

优秀的教师总是想着百尺竿头更进一步，成为更杰出的教师。他们积极地参加各种师资培训会议，阅读书籍和文章，试图寻找新的想法和技术，提升自身的教学水平。尽管并非所有的研讨会和读物都有用或有帮助，但这些追求更高境界的行动，有时候的确能带来卓有成效的结果。

然而，常见的教师培训往往缺乏一些至关重要的东西。坦白说，我个人常用的最为绝妙的教学想法，都来自学生。没错，是学生自己提出的。毕竟，身为教师，学生就是我们终极的服务对象，他们就是我们的顾客和上帝。但话说回来，这并不意味学生提出的意见或建议都是有用或合理的，有时候他们会提出一些荒谬至极的意见。但总体而言，学生观察到的东西的确能够为教师提供极大的裨益。但一个残酷的事实是，学生们提供的反馈或批评往往一针见血、十分伤人，有时候甚至会导致教师的情感或情绪遭受严重的伤害。

真相往往是最伤人的，但如果我们能够抵御学生批判中的尖锐字眼及其带来的震惊和痛苦，保持积极开明的心态，我们的确能从学生的反馈中找到帮助我们成为更优秀教师的抓手。

我一直觉得可悲又可笑的是，许多声称为了儿童权益和发展而举行的集会或会议，事实上并没有允许儿童的参与。此外，一个有趣但充满了矛盾的现象也存在，即一些声称关心儿童发展的成年人，实际上完全不在乎儿童们的想法和意见。

曾有一次，应多位商业人士的邀请，我参加了一个旨在集思广益，改善美国教育体系的会议。知名的政治家、电影明星和摇滚音乐传奇人物等知名人士都参加了会议，但是当我建议我的学生也应该参加会议并分享想法和意见时，主办方不仅嘲笑了我的想法，还将我视为一个疯子。

还有一次，一个组织计划给我颁发一个奖项，肯定和赞扬我与学生开展的教育合作项目，允许我带着班上的学生去现场表演莎士比亚的音乐剧，却不允许孩子们参加晚宴。那天晚上，当成年人们坐在豪华的餐桌上享用美食、相谈甚欢，并在尽职尽责的服务人员的伺候下享受皇室成员般的服务时，我年幼的学生们却只能待在一个狭小、闷热的房间里，只有一些清水和蔬菜果腹，而且这个过程持续了整整3个小时。我受够了虚伪的成年人互相吹嘘彼此的成就，这实在是无聊至极，于是在颁奖仪式开始之前我就带着孩子们回家了。

言归正传，我们不妨回想一下自己参加过的教职员工会议。诚然，在中国和世界的其他国家及地区，我都参加过天赋异禀的孩子们表演的聚会，但他们是否真的参与到了后续的会议中？他们是否真的发出自己的声音？召开教职工会议的初衷是评估我们作为教育工作者的工作情况，但我从未见过有哪个类似的会议，尝试寻求来自孩子们的反馈，而这些孩子恰好是身为教师的我们应该服务和帮助的对象。在美国，常规的做法是在学年结束时，大多数学校会给学生和学生家长发送一份评估表，请他们对学校和教师们过去一年的工作进行评价。然而，在我个人漫长的40多年的从教生涯中，学生和学生家长的反馈从未获得学校的重视，或对学校政策的制订产生任何影响。当然，看到这些指责，很多学校的管理层或教学督导可能会愤怒地喊冤。但即便我揭露了这个事实，也不太可能对这些学校产生任何影响。因为在大多数时候，让学生和家长参与评价工作不过是走一个形式，其作用就是让学校系统给他们打上一个勾，证明他们积极参与了建设当地社区更好的学校的工作。

总有人觉得学生的意见已经得到了尊重和认可，但这些观念不过是与美国有关的谬论中的一种。这些人倾向于认为，美国大多数的教师都能够从学生身上学习并听取孩子们的意见。当然，的确有部分教师可以做到这一点，但这些教师是例外，而不是主流。

我曾向教师们公布了一些学生访谈的记录（诸位将在下文中读到），看到学生的真实反馈之后，一个教师被彻底激怒，当即回复我，"你令我感到恶心！"这已经是他所有评论中，最动听而委婉的一句话。在收到这位教师消息的第二天早上，我在启动车子时内心都惴惴不安，因为我担心他已经愤怒到要把炸弹绑在汽车发动机上炸掉我。

这种感觉很糟糕。尽管我的本意并非伤害教师们的感情，但身为教师，我们的确有责任积极地抓住每一个机会以改善教学的效果。学海无涯，本着这种精神，多年来我采访了数百名学生。

接受访谈的学生都是非常优秀的孩子，他们喜欢上学，也尊重教师，并珍惜难得一遇的好教师。他们给教师们提出的批评一般不会超出下面这三个范畴，即**教室环境、教学内容的呈现，以及教师的态度**。这些至关重要的话题，直接决定了教学的质量。令人惊讶的是，我发现学生们从来不会对教师的智商或教学经验提出要求，尽管对于教育行业来说，这些都是重要的考量因素。

我的初衷并非是让诸位读到自己可能犯的错误时，仿佛听到"抓到你了"的厉声。这是因为学生在要求教师调整某些教学的策略时，其本意也并非在谴责作为一个独立个体而存在的教师。我们要本着这种精神，去了解对我们的职业有些许想法的学生。或许，你的许多学生都有着同样的感受，但却不敢在学校里当着教师或其他同学的面提出来。如果学生们提出的这些想法只有一两个能够让你产生共鸣，那么花些时间了解学生们的想法或许非常有必要。尽管学生在访谈时也曾称赞了我的教学，但重要的是，诸位要知道访谈中提出的许多批评和意见都是我在年轻时曾犯下的错误。学生们表达的一些担忧令我感到羞愧，但好的一面是，我听取了他们的想法和感受，这也帮助我成长为一名更优秀的教师。

在阅读下面这些表达了学生内心想法的文字时，你或许会发现，有几个特定的课堂问题反复出现。我重复地列举它们，并不是为了令大家感到乏味，而是希望通过重复表述，引起诸位对问题的重视，以起到警示的效果。我这么做是有原因的。

在1991年，美国的洛杉矶发生了一起可怕的悲剧。罗德尼·金（Rodney King），一个非裔美国人，正在被警察追赶。警察抓住他时，几乎把他打死，哪怕他当时已经倒在地上，没有能力伤害任何人。这场噩梦般的过程被拍了下来。当美国法院系统判定这些警察可以被无罪释放时，出于对警察暴行的愤怒，整个城市陷入骚乱。街上到处都是沮丧的抗议者，他们大声喊着：

"没有正义，就没有和平！"

但是，为警察辩护的人则声称这个事件不过是罕见的个案，这些残暴的警察是美国司法队伍中的老鼠屎，美国公民遭遇此类警察暴行的概率不足百万分之一。但非裔美国人则认为，这种暴行每天都在发生，唯一的区别在于这一次的灾难幸运地被拍了下来。多年来，随着路人手机记录下数百起此类殴打事件，黑人群体的说法被证明是正确的。

同理，我也曾遇到过一些防卫性很强的教师，他们声称当出现学生认为教师们做得不够好的情况时，这些教师也都是个例，不能代表大多数的教师群体。他们声称，99%的教师每天的教学工作都几近完美。事实上，就读于不同学校、不同年级的许多学生，都目睹和经历了好的甚至坏的教学行为，依然会讲述出类似的故事。这本身就说明，某些缺陷不仅仅出现在少数教师个体身上，也不仅仅是整个教育行业罕见的个案。

因此，我恳请诸位鼓足勇气，敞开思想和心灵，勇于面对惨淡的现实，听一听年轻的学生们提供的真诚的反馈。除了批评和反馈，哪怕你只获得一个灵感，或读到学生对你当前教学实践的肯定或称赞时，你会意识到了解学生的反馈至关重要。

教室环境

在接受访谈时，学生们经常提到教室的布置或整体氛围。优秀教师的课堂永远是闪闪发光的，无论是实际环境的整洁程度，还是从教师身上散发出来的实实在在的积极氛围。以下是学生观察到的一些东西。

我的9年级和10年级数学老师是同一个人，这令我感觉很糟糕。不管何时，只要走进他的教室，跃入眼帘的就是前面摆着的3张巨大的桌子，上面乱七八糟地散落着纸，堆得跟小山一样。桌子的下面是一箱箱放了很久的空

115

汽水罐、废旧的糖果包装纸和其他垃圾。这些垃圾放了好几个月都没有清理，你可以想象整个教室里散发着令人作呕的气味。除此之外，整个课堂的氛围也令人不快，这个老师一点也不在乎教室的状态，学生们也是！

——来自J.，一名高二学生

每天一走进生物课的教室，我整个人的情绪就会变得沮丧。教室里乱糟糟的，到处都是无序堆放的学习材料，实验设备也脏兮兮的，一看就是做完实验后放了好几天没有清洗。教室里的气味很难闻，作为一个科学实验热爱者，我对这门课的记忆只有难受和悲伤。每节课我都会盯着时钟，度秒如年地盼着赶紧下课。

——来自B.，一名高三学生

类似的负面评论还有很多，不知道诸位从中注意到了什么。你们有没有发现，这些孩子根本没有谈到课堂上学习了什么，他们本应学习数学和生物知识，但是糟糕的教室环境已经导致他们无法专注于学习的内容。数学和生物本应该是两门极具挑战性、趣味性和参与性的学科。在这两门学科里，教师有很多东西可以传授，但不幸的是，糟糕的教室环境和氛围已经使本可以有趣的学习过程变成了一种难熬的折磨。

作为一个典型的男人，我不得不承认自己初为人师的时候并没有什么艺术审美眼光。尽管我把教室打理得井井有条，但也仅限于此，我并没有赋予它令人愉悦的光彩。为了改善环境，我专门花时间参观了其他教师的教室布置和设计，并在接下来的几年里进行逐步的完善和提升。随着教室环境的优化，我的教学氛围变好了，教学效果也进一步提高。而我的终极目标，就是成为下面这个学生会喜欢的老师。

在我8年级时，我想时时刻刻都待在英语教室里，因为它给我的感觉就像家一般舒适和放松。这是一间整洁到闪闪发光的教室，英语老师总是能够想到很有趣的方式来装饰教室，让它变得更加美丽和迷人。英语老师总是自己打扫教室，而我们总是想帮忙一起打扫。班上的很多同学都愿意在这里吃午餐，一起谈天说地。英语老师非常和善，总是敞开心扉与我们对话，为我们提供帮助。无论是课前、午餐时间还是放学后，只要你想，你就能进入这间教室。这里干净而友好的环境，深深地吸引了所有的学生。受到这个环境的影响，我回家还主动打扫了自己的卧室，这让我的父母惊喜万分！

——来自D.，一名高二学生

想想这间教室的魔力，它甚至影响学生进而改变了自己的生活方式。但你可能会说，这是英语课的教室，英语老师可以利用很多名人语录和英语巨著装饰房间，让教室变成一个神奇的地方。这与其他学科不一样。但这个想法是错误的，任何学科的教室都可以装饰成令学生享受到学习乐趣的模样，并真正地激励学生去学习相关的科目内容。如果你不相信，不妨看看下面这段话，它展现了一个学生对数学课的感受。

我一直都不是很喜欢数学，直到我上了10年级，一切都发生了变化。我的数学老师改变了我的人生。他的教室看起来就像一间豪华酒店，井井有条。除此之外，他还是一个关心所有学生的好人。整个教室总是充满了正能量。我以前很怕提问，但是这个数学老师从来不会因为学生无法理解问题而责骂学生。在他的课堂上，你可以感受到耐心和互助的学习氛围。

数学老师在上课时总是正装打扮，穿着漂亮的衬衫，打着领带。当你走进教室，就会觉得来到了一个很特别的地方。就这样，我原本最讨厌的数学变成了我最喜欢的科目。教室里积极的气氛和干净而明亮的学习环境，影响了我个人关于物品整理的想法，也改变了我对其他科目的学习态度。

我还发现一件有趣的事情，我的数学老师没有讲桌。我问他，为什么没有一张桌子呢？他告诉我，放一张桌子就意味着教师可以坐下。但因为忙着答疑解惑，帮助学生们学习，他根本没有时间坐在桌子后面，所以根本不需要一张桌子。

——来自S.，一名高三学生

我从学生身上学到的东西比从其他任何地方学到的都多。我刚开始执教时，穿着很随便，因为其他男教师都这样，我很少穿很正式的衬衫或打领带。但现在我意识到，正式的着装将向学生传递这样一个信息：教师对学习这件事充满了尊重与认真。有了这个意识，我开始采购更为正式和得体的服装，但这一点并不容易，因为我经常囊中羞涩。但随着时间的推移，我还是慢慢地专门打造了一个教学专用衣橱。每一天都可以从这个衣橱中挑选适合场景的服装，向孩子们传递我对教学职业的尊重与重视。就像在疫情期间，我们的教学研讨会采用了线上会议的形式，但我依然会衣着正式，打上领带。因为我希望即便是线上的虚拟会议，也能够尽可能接近我希望创造的现实教学环境。

不知道诸位是否注意到前文中学生关于讲桌的评论？我觉得这是来自学生的最佳建议之一。后来，在走访几十个不同的课堂时，我都发现极少数的教师，出于同样的原因，移走了讲桌。他们一次又一次地告诉我，"我来到教室，不是为了坐着不动的"。受到这些前辈的激励，我在35年前就移走了讲桌，并从未因此而感到后悔。我演讲时，观众经常会取笑我的服装搭配，因为我在西装革履、打着领带的同时，总是穿着一双与之格格不入的白色网球鞋。这是因为我需要一直站着，而网球鞋更为适合。

前面的例子，要么描述了杰出教师管理的教室，要么就是需要大量改进的教室，但在现实生活中，大多数教师管理的教室，位于两个极端的中间。因此，让我们以一位年轻聪颖的女学生得出的精彩结论，来结束我们关于教室环境的讨论。

我非常喜欢法语老师，她不仅性格特别好，而且课上得也很好。我在她的法语课上学到了很多东西。但她的缺点是，她总是做事非常混乱、没有条理。她的外表很邋遢，班上的环境也是如此。她经常会找不到课前准备好的作业，学生们不得不帮着她在教室里到处翻找。每一年，她都会邀请学生跟她一起前往法国旅行。她这个提议真的非常热心，也证明了她对教学的热爱和对学生的关心。但我从未报名，因为我觉得如果她没办法保持教室的秩序和整洁，怎么能够在前往异国他乡的旅途中将我照顾好呢？

——来自大学生E.，关于高中法语教师的回忆

这位法语老师显然是一位了不起的教师，她热爱教学，热爱学生，以至于愿意牺牲个人的时间，千里迢迢带着学生去法国领略语言的魅力和历史文化的智慧。但她也是一个值得研究的案例，因为学生已经清楚地意识到这位教师的课堂仍有提升的空间。

我们能够从这段评论中获得的启示是什么？一个启示是：如果你的课堂已经充满活力，那么它将给学生带来无穷的积极影响。另外一个启示就是：当我们邀请他人来家里做客时，除了热情好客之外，我们还需要提供一个整洁而美丽的环境，让我们的客人感到愉悦和放松。教室就是一个教师迎接学生客人的地方，因此我们应该尽可能地保持教室的干净、明亮和整洁。只有这样，每一天的教学工作才会变得更快乐、更高效。诸位可以尽量多参观其他学校或教师的教室，借鉴有用的想法，将其融入到自己的教学空间设计中。不断地完善和提升教室的环境，将会让学生在走进教室的第一时间，立即就知道他们有机会在教师创造的全新世界里放松地在知识的海洋里遨游。

教学材料的呈现

教师日常工作的重点就是向学生们呈现相关学科的知识和内容。虽然我

们不能保证教师总是充满热情和魅力，但教师在讲台上的状态以及对每节课的态度，直接决定了学生是积极投入还是勉强参与。学生们很少直接反馈教师的行为好坏，因为教师掌握着最终打分高低这一生杀大权。但是他们却在不断地评估教师的授课技能和效果，无论是否大声地表述出来。

回顾我个人执教头几年的表现，那时我认为我的授课技能可能是最需要改进的领域。尽管我总是试图展示教学的热情，并竭尽所能地传递学科知识，但显而易见的是，我仍有许多东西需要学习。当时，作为一名年轻的教师，我还没有学会站在学生的立场思考问题，没有充分考虑到年幼的学生是否了解过我计划讲授的知识，或者已经了解到什么程度。这导致的后果就是，由于缺乏前期的知识铺垫，学生们根本无法理解教材中给出的一些参考资料或信息。我开始意识到，我必须要学会在课程开始之前铺垫一些相关的知识和基础，并确保知识呈现的方式能够与学生们的生活关联起来。

刚刚执教的头几年，在与学生相处的时间里，我唯一关注的就是上课的内容，而很少考虑到学生作为受众的反应。在无数次碰壁和挫折之后，我终于痛定思痛，吸取了教训，改进了向学生们介绍学科内容和布置作业的方法。但是，如果我当时能够采纳学生提出的一些极具智慧的建议，或许改进的速度就不会如此缓慢。诸位将在下文中看到来自学生的想法、观察和回忆。这是一个走进学生的心灵，一窥他们内心深处想法的绝佳机会，去学习并吸收来自受众的智慧。学生访谈的内容表明，教师每天呈现课程的方式是影响学生学习效果的重要因素。下面呈现的这段描述，来自一个非常喜欢第56号教室的学生，而她最喜欢的就是我呈现材料的方式。她提及到那些教学材料中包含的关联性、幽默感和重要意义触发了她对人生的思考，而不是目光短浅地只关注周五即将举行的考试。

雷夫的一项重要工作就是给我们提供各种各样的材料。当然，我们都是迫不及待想要学习的好学生，但雷夫呈现材料的方式如此有趣，再加上他事先对材料的充分了解，让我们几乎是立刻沉浸在学习中。我认为，大多数老师恰好缺乏这些能力，他们没办法提供有趣的东西。大多数时候，其他科目的老师，只是简单地分发需要学习的内容，要求我们保持注意力，然后他们自己玩电脑去了，让我们自己学习。这样的方式令人非常沮丧，因为我们来到教室，肯定是想要学习一些东西，但老师们的方式，令人完全提不起学习的兴趣。但雷夫不同，他展示所有的材料都指向了一个共同的目标，无论是实地旅行过程中的指导，还是要求我们阅读的书籍，都会回归一个本质的问题：我们是谁？我们希望利用这些信息做什么？我们如何将它们用于我们个人的未来——无论是职业生涯还是家庭生活。我觉得这是大多数老师都没有意识到的东西，即学习并不会随着课堂的结束而结束，我们学习的东西，应该应用到我们的生活中并持续影响我们的余生。而且，仅仅是在雷夫精心设计的教室里与志同道合的朋友一起学习，就已经足够有趣了。

——来自A.，一名大一新生

下面这段观察结论来自一名非常优秀的学生，他是我教过的最好的学生之一。让我们一起来看看他提供的珍贵智慧。他形容自己是一个擅长自我激励的人，就是那种无论教师是否优秀，都能够学得非常好的学生。他的评论之所以有趣，是因为他关注了其他学生的需求和反应。他很喜欢自己的化学老师，但是，他对于那些可能没有办法遇到同样令人钦佩的教师的孩子们表达了担忧。

我的化学老师做足了课前准备。事实上，我知道学校里还有其他一些孩子也非常有天分和潜力。但遗憾的是，他们的老师并没有努力调动他们参与课堂的积极性。要知道并不是所有的学生都能够像我一样能够自我激励，他们需要一个好老师来激发他们学习的主动性。在化学课上，老师每天都会精心准备课程内容的导入环节，我看到班上成绩平平的同学在这种帮助下成长为更优秀的学习者。所以，我觉得如果各个科目的教师能够更加努力，帮助普通的学生更快地掌握学习的节奏，了解学习的内容，那么我们必然能够收获更优异的成绩，乃至一个更加美好的世界。在我看来，我的化学老师或许并没有比其他老师更聪明或者更善良，但她的与众不同之处在于她每一天的教学准备工作都做得异常充分，并且让所有的学生都能感受得到。从她的身上，我充分了解到计划和组织的重要性。因为每天都亲眼目睹这位化学老师井井有条地准备工作，我自己也变得更善于准备，具备更强的组织能力，因为我想要成为她那样的人。她的一言一行，令我想起了哈姆雷特的一句话："准备工作就是一切！"

——来自J.，一名高三学生

不知诸位是否注意到，孩子们对教师的要求并不是牺牲或奉献自己的生命，只是要求教师"更努力地"做好本职的工作，以启发和引导那些具备成就伟大事业潜力的学生。在我看来，这是一个再合理不过的需求。遗憾的是，看看下面两个来自学生对不合格教师的反馈，你或许会发现这两位教师身上的弱点是孩子们经常抱怨的常见问题。

我很讨厌环境科学先修课，因为授课老师从来没有认真地准备要讲的课程。在上课时，他只会照本宣科，甚至有时候我们都能够看出来他在课前根本没翻开过教材。而且他讲课的方式也很单调无趣，根本不关心课堂的气氛和效果。有样学样，学生们也开始放松，毫不关心自己是否学到东西。很多学生在教室里游手好闲，根本没有好好学习。先修课程本来应该是只针对优等生开设的课程，但事实上只要报名就可以参加，没有任何筛选的过程或标准。良莠不齐的水平导致整个教室又吵又乱，我们这些真正想学习的学生根本什么都做不了。感到无比沮丧的我去寻求老师的帮助，请他更努力地改善一下学习的环境，而他的回答是，"对于噪音和其他学生的行为，我无能为力"。但是，他已经当了数十年的老师啊！

——来自L.，一名高三学生

开学第一天，我去上了代数（下）。到了教室，老师给我们发了一本教材，然后说，"行了，自己看吧，自学就行了"。从此之后，我们就开始了自主学习，从开学第一天自学到学期结束，相信我，我一点儿都没夸大事实。在这一整年的时间里，我不得不自己学习代数（下）。自学数学可不容易，因为老师没有提供任何帮助。虽然他是我们的老师，但并没有提供任何的指导或帮助。不管问什么问题，都得不到答案。差老师这个词，用在他身上都不太适合，因为他从来没有教过任何东西，每节课就是坐在教室后面自己玩手机，所以他不能被称为老师。

对我来说，这是一段尤为艰难的时光。因此我恳请诸位老师，做好指导学生的准备，因为我们去学校，坐到教室里，是真正地想要学习一些知识。我们不是幼儿园的孩子，教师的功能也不是坐在那里看着我们自己自娱自乐。教师应该要帮助我们学习并且获得知识，而当一个教师坐在那里玩手机，并告诉我们要靠自己自学的时候，教师还有存在的必要吗？他们对我们的学习和教育有任何帮助吗？

——来自J.，一名大一新生对高中时光的回忆

事实上，诸如此类的问题发生的频率远远超过人们的认知。有的教师根本不会在教室里四处走动观察学生的学习情况，以在必要的时候为学生解惑答疑。但一个合格的教师必须要记住，我们必须以身作则。尽管我们希望学生能够独立学习，但在现实的教学过程中，有些学生会存在掌握知识进度较慢，或需要额外强化训练的情况，在这种时候，他们非常需要教师的帮助和指导。教师需要兢兢业业地完成自己的本职工作。如果教师能够高度关注学

生，激励学生的兴趣，营造出一个愉悦的学习环境，那么学生就能够自发地提升学习的兴趣。教师只要抽出那么一点点时间，询问一个年轻的学生，是否掌握了学习的内容或是否遇到什么困难，或许就能决定学生的未来是幸福的还是绝望的。学生拥有一个幸福而快乐的学习过程，是对教师最高的赞赏。

快乐学习也是教学的最终追求。下面请诸位看看学生对一位传奇式数学教师及其课堂的回忆。

我有一位很棒的数学老师，他每天都在竭尽全力地帮助我们准备大学的入学考试。如果我们要上练习讲解课，那老师一定会在课前把所有的习题都做一遍。身为数学老师，他肯定能够解决这些问题，但是他依然愿意花时间，一个步骤一个步骤地解答学生们要在课堂上完成的每一道数学题。有了这样的备课过程，他就知道我们在上课时，可能会在哪些地方遭遇困难，或者哪些步骤做不出来。他能够事先提醒我们可能会遇到的困难，可能面临的挑战，以及我们可以使用什么策略来解决这些富有挑战性的难题。他总是在课前做好了回答问题的准备，因为他对每个问题都非常熟悉，所以大大提升了我们的学习效果。他一丝不苟的课前准备让我们对他充满信心，我们相信他可以提出所有的问题。最重要的是，如果他当时没能解决问题，他总是会在下课之后继续研究并回头给我们补充答案，然后以我们都能理解的方式解答。他总是能够做好万全的课前准备，这的确为我们提供了巨大的帮助。学生们都很喜欢来听他讲课，因为我们知道所有的课堂时间都不会被浪费。

——来自D.，一名高三学生

这就是我们所说的卓越教师。他当然十分了解教材的内容，但仍然愿意在上课之前花时间了解学生需要完成的所有数学问题。通过这个过程，他能够看到学生可能会遭遇哪些问题或困难，并在上课之前提供建议和策略，引导学生自己去解决问题。本质上，这位数学教师为学生们提供了一个学习的路线图，让他们可以在解决问题的过程中，培养抵达最终目的地所需的信心和技能。这位数学教师掌握的数学知识或技能，或许并没有比其他教师更多，但他在课前所做的额外的努力是保证取得课堂效果的核心因素。这位数学教师真正做到了换位思考，站在了学生的立场上，制订了能够激励学生飞得更高更快的教学策略，并充分地做好了成为指路明灯的准备。

在我自己讲课的时候，我总是会花时间去思考学生们作为听众的状态。即使每天面对着同样的学生讲课，在课程开始之前我也会问自己，他们可能不知道什么信息？他们是否熟悉我将要使用的所有词汇？我是否应该准备好必要的图片，以帮助孩子们更好地理解课程内容？课程中可能会提到某些历史人物，或一个城市或国家，那么这时候准备一份地图或许会很有用。对我而言，1小时的授课时间，意味着同等，有时甚至更多的备课时间。在第56号教室的所有课程都进展得十分顺利，并不是因为我是一个多么卓越的教师，而是因为我花费了很多时间和心思去做课前的准备，去推演整个教学过程可能发生的问题并提前做好应对的预案。

为此，我想恳请诸位教师同人牢牢记住一件事：我们以什么为生？教师的工作内容是什么？我们就是**职业的解惑答疑者**。我们所掌握的知识其他人都懂，但是他们未必能够像我们这样解释得清晰明了。这就是教师职业的特殊之处，我们能够帮助陷入困惑的人顿悟，我们能够通过点亮自己的学生，进而点亮整个世界。

教师的态度

也许，学生最在意的依然是教师本人的态度和精神状态。有人说，教师就是课堂的晴雨表，这一点千真万确。我们的态度将直接决定教室是晴空万里还是狂风骤雨，为此我们要学会自我控制。

但情绪的控制和管理谈何容易。想到加诸在教师身上的种种压力，教师有时候感到心情不畅亦可理解。有时候，教师不得不像超人一样给年幼的学生们带来欢笑，哪怕就在短短1小时前你还在应付一个无理取闹甚至是有些刻薄的学生、家长、同事或教学主管。这是一份令人身心俱疲的工作。老实说，我们几乎可以笃定在更长远的未来，负面的时刻一定比正面的时刻要多得多。但即便这样，我们也要尝试用积极的态度付之一炬。

控制好自己的心态，需要时间和经验，成功而优秀的教师总是能够屏蔽掉不好的时刻，把快乐带给下一群在课堂上寻找快乐的孩子。唯一可以肯定的是：学生可以非常清晰地感知到教师的态度。正如下面的反馈所揭示的那样。

我真的非常喜欢我在上10年级时遇到的历史老师，她最厉害的一点就是对教室里的学生了如指掌。具体来说，就是她特别了解每个学生的性格和行为方式，她知道哪些学生很害羞，哪些学生很吵闹。她充分了解每个人不同的学习和互动方式，并相应地调整教学技巧，确保每个人都能够真正投入学习。如果我们在阅读完材料并讨论之后还是无法理解内容，她会再讲一遍；但如果反复解释了多次之后，学生们仍然不明白，她就会尝试新的办法，找到可以辅助理解的策略和工具，让孩子们能够真正掌握相关的东西。此外，她为人十分和善，经常鼓励我们。比如，当我不知道如何选择11年级阶段的课程时，就可以向她寻求帮助和建议。我以前会暗自与班上同学较劲，但是她教会我不用与其他人比较，与自己比较就行了。这让我觉得，在我自己肯定自己之前，她就已经非常相信我了。

——来自H.，一名高三学生

身为教师，我们每天要与许多学生打交道，所以与每个学生都建立起十分紧密的师生关系不太可能。因此，这位学生关于历史老师"对学生了如指掌"的评价是非常有见地的。教师的这种态度和能力，让班上的孩子知道，她不仅可以回答历史学科方面的问题，还可以帮助孩子们思考重要的人生决定。而能够遇见一位如此有涵养而专业的教师，也是该学生人生的一大幸事。

但不幸的是，有很多的教师，站在了这位历史教师的对立面，成为了反面教材。我们就应该以下面这位教师的做法为鉴，避免犯下同样的错误。

我知道，一个好的教师可能会好在不同的地方，但可以肯定的一点是，教师应该关注他们的学生。我有一个老师，只会在上课时给我们发一份讲义，然后让学生自己学习，她自己跑到教室后面打电话。整整一节课的时间，我们就坐在教室里，听她打电话跟其他教师抱怨，嫌弃学生不努力和不配合。日复一日，我们在她的课上就是听她在侮辱我们的态度和学习能力。除此之外，这个老师没有做过一件有任何帮助的事情。每一天，所有的学生都迫不及待地想要下课逃离她的教室，去找一个更好的、更关心学生的教师。

——来自学生C.，高二学生

正如我前文所说的那样，我们服务的对象是学生。但是从以上的两个例子中能够看出，所教授的学科可能已经让位于教师自己的态度和秉性。身为教师，我们可以选择以快乐的积极态度，还是以愤怒的蔑视态度来对待我们的学生。

当然，我们的教师队伍中也不乏德行兼备的优秀教师，他们为所有的教师们都树立了一个示范的榜样。通过孩子们发自内心的诚实反馈，我们可以了解到真正卓越的教师应该是什么样子。接受采访并说出下面这段话的学生，现在已经毕业去了大学，但他或许永远都不会忘记自己有幸遇到的英雄一般的教师。

我在11年级遇到的美国历史先修课老师非常特别。我以前也遇到过一些把自己的班级称为"大家庭"的老师，但唯独她真正地做到了将班级打造为一个和睦的大家庭。她是一位认真负责的老师，我几乎把她当成了我的家长。

她关心每一个学生，在她的课堂上，偏见是不存在的，她从不偏袒或偏爱哪个学生。而她最好的一点，就是从来都不会像很多其他老师那样，因为学生犯错而羞辱学生。我见过很多老师都存在这个问题，他们会格外苛刻地挑剔某些学生，并且对他们很冷淡。但这样的事情，从来不会发生在她的历史课堂上。

每一天，她都会令我们充满希望。我相信，她跟大多数人一样，也会经历不顺心的时刻，但是她从来不会把坏心情带到课堂上，尽管她非常严格地要求学生，但不会羞辱任何人。

如果学生们太害羞，她还会允许我们匿名提问或提意见。她认可并且欣赏每个学生之间不同的个体差异，她也知道，说什么话会让我们感到舒服。

她还有另外一个非常棒的品质，就是从不认为自己的课程是最重要的，她总是会结合其他教师的课程表来确定作业量。如果数学老师也在周三安排了考试或测验，与她的安排有冲突，那么她可能就会将自己的安排挪到周五。

她还会牺牲自己的周末时间，给学生们安排复习课。她已经拥有近15年的教学经验，但仍然对自己的工作充满激情。她的婚姻相当幸福，而她也将快乐传递给了所有学生。

——来自J.，一个高三学生

我不得不羞愧地承认，在我还是一名年轻教师的时候也曾坚定地认为，天大地大，自己的科目最大。因此每次听到有教师愿意考虑学生背负的许多责任和压力，我都会肃然起敬。从这位历史老师的身上，我看到了很多值得钦佩的特质，包括但不限于对学生有很高的期望，同时保证了公平、合理的预期，以及对学生处境的理解。这不禁令我想起之前的一段评论，即学生并不讨厌高要求的老师，而是反感一个不公平的老师。不知道诸位是否注意到，这位历史老师从来不会因为学生不懂而侮辱学生？但扪心自问，有几个教师可以始终做到这一点？从这段评价中，我也意识到在布置自己科目的作业之前，需要考虑到学生还有很多来自其他教师的科目的作业需要完成。一名卓越教师必然是一位有大局观和远见的教师，而这些更具远见的教师，最终也成为我的良师益友。

下面两个例子，就很好地论证了性格暴躁、刻薄的教师会对学生造成哪些负面影响。

我知道老师很辛苦，但我在4年级时遭遇的事情，令我永生难忘。当时，我的老师有一个平板电脑，但是到处都找不着，她开始变得歇斯底里，冲着班上的孩子大喊大叫，并指责学生们偷了这个平板电脑。我们都惊呆了，慌忙解释说没有偷。但她依然一意孤行地要惩罚所有学生，关我们几个星期的禁闭，直到我们找出小偷为止。

她甚至搜查了我们每个人的书桌和书包，我不知道她这么做是不是合法，但这种行为太羞辱人了，班上没有一个孩子敢大声说话。

3个星期之后，我们看到她手里拿着那个被学生们"偷"了的平板电脑在工作。当班上一个同学问她，这是在哪里找到的，她轻描淡写地说，在自己车子后座下面发现了。我很生气，因为她从来没有向我们道歉。我知道，每个人都难免有犯错的时候，但我一直坚定地认为，做错了事情就应该承认错误并道歉，但她从来没有道歉。

后来，有人在一个周末闯进了教室，塞住出水口，然后打开了水龙头，整个教室变成一片汪洋大海，地板和墙壁都遭到了严重的损坏，可能需要花上好几个星期来修复。但我并不觉得难过，也不可怜这个老师，因为她从来没有想过自己对待学生的方式，让学生们感到多么难过和绝望。

——来自学生M.，一名高二学生

我在7年级时遇到了一个糟糕的数学老师，一旦课堂出现任何问题，她都会第一时间指责学生，而从未想过是不是应该提升自己的技能。尽管所有学生都知道她的教学质量很差劲，但她自己完全没有想过要去改变。她经常冲着那些面临学习困难的学生大发雷霆。而且，她从来没有在课前好好地备课，每天都会丢三落四，找不到教学材料。我记得有无数次，全班的学生就默默地坐在教室里，安静地等待长达15分钟，为了等她找到本来应该用来布置作业的材料。

有一次，班上一个男生大胆地表示自己不想学习数学了，要求换一个老师来教，这时候，她完全失去了冷静，冲学生大喊大叫："你一点儿都不尊重老师！你们一点儿都不努力！你们没有专注学习！你们自己不关注学习的效果！换老师都是你们偷懒的借口，我不听！"

这就是她身上令人特别烦恼的习惯，每天都冲学生大喊大叫，每天都说其他的班级比我们更好，每天都说我们是她教过的最差劲的一批学生。但有趣的是，我刚好有一个朋友，在她教的其他班级。我的朋友告诉我，她在其他班上也这么成天大喊大叫地贬低学生。

其他同学还告诉我，只要她一感到沮丧，就会痛哭，我有时候挺想同情她的。但是一想到她对我们如此刻薄，就完全没办法同情她。如果她愿意告诉学生们，她正在努力变成更好的老师，提升教学的技能，我们或许还是愿意支持她。但是她把所有的问题都归咎于学生，只会导致没有一个学生愿意支持她。

——来自 T.，一名高二学生

我们能够从这两位愤怒的教师身上得到什么启示？当然，人无完人，身为教师的我们必然存在不足之处，存在暴露自身缺点的时刻，但如果我们想要改进，想要提升自我，就必须认真地自我审视。我知道存在很多超出人力控制范围的东西，如无可救药的学生、不讲道理的家长和不支持教师发展的管理者，但更多的时候，问题的根源发生在教师自己身上。一名卓越教师是成长型的，是谦虚而谨慎的，能够在犯错时勇于向学生承认自己的错误，或者告诉全班的同学，只有师生一心，团结一致地行动，才能够将偏离航向的船只拨回正轨，解决全体同学面临的学习问题。而前面两位教师做错的地方，就是在事情出错时，对孩子们大发雷霆，没有自我反省、从自身找问题，这就意味着事情不会有任何好转。因此要牢记，最优秀的教师，总是要想方设法地先提升自我，再去要求学生。

平易近人也是学生在评价教师的气质、态度和性格时，经常提到的一个特质。下面的访谈记录展示了我们都应该渴望成为的那种教师。

我超喜欢8年级的数学老师。他很有魅力也很幽默，总是不断地激励我们。为了让数学课变得更有趣，他专门设计了一个以小组为单位的数学竞赛。在每一次数学课上，第一时间解出方程的小组，就能够得到糖果奖励和厕所通行证。这听起来是个挺傻的游戏，但是我们所有人都乐在其中，笑声激励着我们好好学习。当我们还是初中生时，在成年人看来很幼稚的糖果奖品就能够让我们兴奋不已，而且每个人都想赢。这也让我们班上很多同学能够取得优异的考试成绩，因为课堂作业和考试内容往往是紧密联系的。当然，有些老师的考试不怎么公平，很少涉及课堂上讲解或训练过的内容，但我的数学老师既公平又理性，他的考试虽然很难，但总是基于我们在课堂上学习和训练过的内容。

他还执行了一个"办公室开放时间"的政策，这就意味着到了固定时间只要我们有问题，可以不用预约，随时去向他求助。他每天都很早到岗，很晚离校，一旦有任何问题，学生们总是可以找他帮忙。许多老师缺乏教学激情，非常懒惰，但我的数学老师不论何时，总是面带微笑。他愿意在课后花很多时间帮助后进的同学补习，以确保这些同学不会拖累其他学生的进度。此外，他还会尽量关注我们所有人，无论是优秀的学生，还是有行为问题的学生。

——来自学生K.，一个高二学生

每个教师可能会采用不同的教学方法，但我一直以那些在课前、午餐时间和放学后，都能够花时间陪伴学生的教师为榜样。所有的学生都可以给我发邮件，有时候我会把私人电话给他们。令人欣慰的是，30多年来，没有哪个学生滥用了这种权限，或侵犯了我的隐私。但这种提供私人联系方式的举动，对学生而言是一个巨大的信号，意味着在课堂内外教师都愿意为他们提供服务。

当然，除了那些无视学生且脾气暴躁的教师之外，还可能存在一些令人毛骨悚然的教师。下面讲述的都是真实的恐怖故事，它们可能令你感到匪夷所思，甚至超乎了你的想象。不知道你是否遇到或听说过下面这个可怜孩子描述的情况，他所面对的是一个真正的暴君！但这个关于欺凌、贿赂和虚伪的故事，也为我们提供了一些重要的警示！

我喜欢我所遇到的大部分老师，只有一个例外。他毁掉了我整个高中3年的时光。他是一个优秀的音乐老师，但却是一个可怕的人。一个拥有如此可怕态度的人，或许根本就不应该成为教师。我在高一时就遇到了这个老师，他也很喜欢让我去上他的课，因为我的音乐天赋还不错，并且立志成为一个音乐家。他之所以喜欢让我去上课，是因为当人们听到我的演奏时，他就可以吹嘘自己是一个多么优秀的老师，教出了如此优秀的学生！

但是到了高二，我就不能去上音乐课了，因为我忙着去上先修课程。他希望我在高三时再次加入他的课堂，但是我婉拒了他并告诉他因为要准备大学考试，我会非常忙碌。然而，他做了一件令人震惊的事情。他开始恐吓我，甚至威胁我的家人，并警告我如果我不加入他的音乐课程，他就会想方设法将我赶出学校。我当时很焦虑，跟父母商量对策。我的父母告诉我保持冷静并打算去跟校长反映一下这件事。但学校最后也没有任何举动，这导致我日夜担惊受怕，害怕自己真的被开除，这样我就再也没有机会申请大学。后来，我把这件事情告诉了一位值得信任的好老师，他给了我一些很好的建议。

我又安排了与那个可怕的老师、校长和我父母的一次会面。这一次，我的感觉好多了，因为有人鼓励我勇敢地站出来为自己争取利益。在这次会面结束之后，这个老师终于肯放过我了。

几周之后，令人惊讶的是，这位教师又开始对我释放善意，主动跟我说话。我惊讶地问他，"在你做了那么可怕的事情之后，你真的可以毫无负担地再跟我说话吗？"他答非所问地说，"所以，你打算上大学吗？计划学什么专业呢？"

我告诉他，我申请了几所大学，还在等回复，但我计划继续学习音乐。然后，他告诉我，如果我愿意去上他的课，他会给我钱！我不是在编故事——他真的就这么做了！我还是拒绝了，这一次，他又对我发火了！甚至开始在其他老师那边造谣中伤我！一部分老师相信了他编造的谎言，并且对我的印象很差，但我自己知道，我做了正确的事情，就是拒绝他！

在收到大学录取通知书后，我又遭遇了一些家庭和经济方面的问题，但那位给了我建议的老师一直在帮助我，这让我知道自己并不是在孤军奋战。但回想起那些艰难的日子，以及那个令人恐惧的老师，我依然感到十分难过。

——来自C.，一名大二学生

这显然是一个可怕的故事，但我们都可以从学生这场噩梦般的经历中学到一些东西。显然，这是一个卑鄙无耻的教师，但身为教育工作者，这也是我们需要牢牢记住的一个极端案例。他可能是一个知识渊博的音乐教师，在生活中可能也是一个好人。但这个老师犯的最严重的错误不是他恐吓、不公或专制，而是他**彻底忘了自己身为教师的使命和责任**。就像学生们遇到过的大多数教师那样，将自己凌驾于学生之上，认为自己的利益是课程的中心，而不是学生的利益。

他的思路也可以理解。当教师们常年辛苦地工作但却得不到一声感谢时，有时的确需要一些肯定和积极的鼓励，以此强化自己的工作。当自己得到他人的认可时，当自己的教学技能得到赞扬时，这当然令人感觉很好，但在大多数情况下，没有人会看到教师们的心血和付出。这就是最优秀、最勤勉的教师，在多年的辛勤工作之后得到的一个体悟：教师的付出，通常没有任何回报。这个音乐教师将班上的神童视为可以令自己看起来很优秀的附属品，通过"炫耀"这个有天赋的年轻人，证明自己教学质量很高。然而，一个更好的教师会选择站在幕后，让学生自己发光发热，把所有的荣誉都留给孩子。当然，这是很难做到的，当学生遭遇失败时，被指责的往往是教师；但是在学生取得成功时，身为教师的我们，想要获得一些荣誉和肯定也是人之常情。但最优秀的教师可能依然会选择站在幕后，因为他们知道被认可是一件好事，但更重要的是学生能够获得观众的起立鼓掌，能够获得肯定和表扬。如果这个音乐教师能够明白并做到这一点，或许他的音乐奇才学生仍然会很高兴地留在他的课堂上。

教师从学生身上获得反馈当然很重要,但同样重要的是,学生能够从教师身上获得建设性的评价意见。我经常听到学生们抱怨的一个问题是,教师很少批改他们的作业或进行评价。当学生努力完成了一项任务,却从未收到来自教师的任何说明或建议时,他们下一次可能就不想按时完成作业了。从几十个受访的学生中我选出下面这段评价,突出反映了这个问题。

我7年级的数学老师就是个笑话,他从不批改任何作业。如果我们进行了10场测试,他可能只会批改两次。我们交上去的作业,从来没有返回来过,因此我根本不知道自己在班上的表现如何,也不知道自己需要在哪些地方强化训练。我只知道,在这一年里,我完成了100多份作业,参加了至少26次测试,然而,在我最终的成绩册上,发现他只给我录入了3次作业或测试的等级分数。

于是我去寻求班上同学的帮助。这个办法很有用,班上的同学试图与教师对话,告诉他我们的想法。事实上,他已经知道自己是个不称职的教师,而且全班的同学都不待见他。

哪怕我们已经礼貌地请求他转变教学的方式,他依然无动于衷。每天在上数学课时,他会在教室前面的黑板上贴上一份课堂作业,然后自己坐在教室后面玩"糖果传奇"(一款消除类手机游戏)。如果有人来请教问题,他也会帮点忙,但也会因游戏被打断而表现出愤怒。

新型冠状病毒感染疫情爆发之后,我们开始了远程学习。夸张的是,我们等了两个星期,都没有收到来自数学老师的任何消息或任何形式的学习任务。虽然之后他道歉说忘了布置,但这依然令我们感到难以置信。如果有学生抱怨他教得不好,就会被他打低分。有些学生根本不写作业,却拿到了高分,因为这些学生喜欢奉承他,说他是最棒的老师。这简直糟糕透顶。

作为一名数学老师，他从来没有一步一步地讲解过任何一个数学问题。每次上课，他都要摆出一副高高在上的姿态，仿佛能够与他进行对话就是我们最大的荣幸。很多年以后，我们才发现他的父亲很有钱，给学校捐了一大笔钱，让他获得了一个教师的职位。在上课时，他不是在玩糖果传奇，就是在网上购物。这导致我一上他的课，就迫不及待地想要下课。

——来自L.，一名高二学生

当然，我们依然有幸拥有许多具备了近乎超人品质的卓越教师，即使他们的个人生活一团糟，依然能够令学生感到愉快并为学生提供支持。从学生的访谈中，我发现孩子们对老师非常包容，哪怕老师们没有达到这个崇高的目标，也没有半分苛责。学生讲述的下面两个故事，才真正是对可怕教师的描述，因为他们不得不面对怀有种族主义的老师，以及来自老师的欺凌和威胁。当然，我相信诸位与下面两位老师截然不同，但是了解这些极端的故事能够对我们起到警示的作用。至少，当我们的学生面临类似的挫折和折磨时，我们或许可以成为他们可以求助的老师。在成为英雄并拯救一个值得尊敬的年轻学生之前，请诸位做好面对残酷现实的心理准备，了解下面几个噩梦般的害群之马吧。

我是一名亚裔学生，我5年级的老师非常偏爱亚裔而不是非裔和拉丁裔的孩子。她总是给亚裔学生更好的成绩，哪怕我们根本不值得这么高的分数。班上有一位韩国学生，他总是在上课时间玩电子游戏，从不专注于学习，但他依然总是以不合格的作业获得更好的成绩。有一次，班上发生了打架事件，她主观认定是非裔学生的问题。即使我们告诉她谁是罪魁祸首，她依然在没有任何证据的情况下，臆断是非裔学生的错。哪怕我们是她偏袒的对象，但我依然感到非常不舒服。

——来自M.，一名7年级学生

我喜欢物理学，我也喜欢在物理课上结交到的朋友。这门课唯一不好的地方，是物理学的老师。她把自己描述为"古怪的人"，但事实是她是个种族主义者。

有一次，一个西班牙裔的学生上课迟到了，他在班上的成绩不算特别好。迟到当然是不对的，我认为教师可以责备或惩罚这种行为，但是惩罚应该与罪过的严重程度相称。我们没想到的是，那个教师给我们所有人都上了一堂关于体谅他人的大课。她花了整整1小时，冲着全班学生大吼大叫，最后甚至还上升到了人类普遍状况的高度。她振臂高呼，"每个人天性都是懒惰的，我们必须经历激烈的自我发展，才能看到光明，才能学会为他人着想"。她真的表现得非常失控，我们所有人只想着她赶紧切入正题，讲点儿与物理学相关的东西。

但是她依然在喋喋不休，她要求我们必须看到在自己的世界之外更大的世界。整个关于人类素质的讲座占用了大部分的上课时间，在还有5分钟就要下课的时候，她终于决定开始上课。就在此时，另一个学生走了进来，这是个亚裔学生，而且在班上的成绩相当不错。他目若无人地走到了自己的座位上，教师非常平静地问他去了哪里。毕竟，他几乎错过了整堂课。这个亚裔同学说他去校外的星巴克买咖啡去了，而这个老师竟然一句批评的话都没有说！

这令我感到非常担心和惊讶，我对老师说，"刚刚，因为贝内迪克托（西班牙裔学生）迟到了两分钟，你就对我们所有人大发雷霆，然而约书亚（亚裔学生）迟到了几乎整节课，你却什么都没说"。她说，"没事的，我相信你们能够理解我的想法"。但事实上，没人理解她到底怎么想的！她刚刚花了将近1个小时大喊大叫，要求我们要理解人们有不同的背景，来自不同的世界，但她却因为一个学生的种族属性而公然偏袒他。这些情绪不应该属于课堂。

——来自学生A.，一个大二学生，关于高中课堂的回忆我希望上述的故事和案例，能够成为教师们的警示，我们需要坚定不移、合理公平。如果我们的纪律或原则丧失了合理性，我们就无法得到年轻学生的信任。身为教师，我们最好面带微笑、公平公正、平易近人、要求严格、友好和善、有趣乐观。当我们的课堂能够融合所有这些特质，我们就掌握了与学生们共度美好时光的秘诀，就像下面这位神奇的初中数学教师那样。

我最喜欢的老师是教我8年级数学的老师。他总是为我们腾出时间，他会在早上上课之前预留答疑时间，如果学生需要额外的辅导，他会在中午休息时间也安排办公室开放时间。他不关心学生的成绩好坏，甚至从不谈及成绩。他更关心我们在理解数学方面是否取得进步，而且从不把我们和其他学生作比较，这就是他一直强调的评估进步的最重要部分。与我的其他一些老师不同，他从不以考试分数或成绩作为评判学生智商的标准。他已经教了28年书，但仍然热情饱满、幽默开朗。

他对教学很认真，也尽力确保每个人都能获得乐趣和参与感。他创编了一些可笑的比赛和挑战来激发我们的学习兴趣，虽然比赛很难，但课堂环境却充满了欢乐。我们经常播放音乐，这使他与课堂上的我们建立了很好的关系。我们会在午餐时和他一起玩，和其他一些教师相比，我们和他更加亲近。但他确实在纪律管理方面有点松散，有些学生会利用他的仁慈。但是，如果你的目标是在学习的同时获得乐趣，那么他就是这样一位老师。

——来自学生M.，一名高一学生

本章的目的是鼓励教师们充分敞开心扉和思想，听取来自学生的高品质建议。如果我忠于这种精神，我就不应该总结或宣扬我们可以从孩子们身上学到的具体智慧。让我引用一段非常明智的建议，作为本章的结束。这个建议来自我多年之前的一位学生，她是一个自我要求严格且才华横溢的学生。

多年以来，她的建议给予了我诸多的启发和智慧。我将她的建议打印出来放在钱包里随身携带，以激励自己能一如既往地保持着专业而快乐的态度，履行身为教师的职责和任务。

如果你是一名教师，我希望你是出于热爱教学从事这份职业，是想要向孩子们展示全新的东西。我也希望，向年轻的学子们展示关于世界的新事物和周围世界运作的模式的同时，也能够令你感到满足。身为教师，我觉得你应该要陶醉于此，并能够享受每一天的教学工作。哪怕你在生活中遭遇了一些困难或令人不快的事件，希望你依然能够牢记你还有学生需要服务，还要前往教室去完成教学工作，这是一份有偿为学生提供服务的工作。当然，如果你还能够乐在其中，那么当学生看到你展示的教学激情时，或许会受到激励和鼓舞。充满学习兴趣的学生，会将同样的激情和鼓舞反哺给教师。

无论出了什么问题，无论是否是教师的错误，请记住，课堂应该是教师的快乐之地。当雷夫和我们一起学习时，他总是很高兴。第56号教室永远充满了鼓励和启发。希望所有的教师们，都记得要永远享受自己的课堂！

——来自安琪，比尔·盖茨奖学金获得者，哈佛大学学生

第 **4** 章

3种改变学生人生的美好体验

教育是最强大的武器，我们可以用它来改变世界。

——纳尔逊·曼德拉（Nelson Mandela）

不知道大家是否还记得名为《皇帝的新衣》这个古老的故事？它出版于1837年，被翻译成100多种语言，作者是汉斯·克里斯汀·安徒生（Hans Christian Andersen）。这则童话故事是我的最爱，因为我与故事中的孩子有着强烈的共鸣。

两个骗子，来到了皇帝大肆挥霍民脂民膏购买新衣的城市，他们假装成纺织工，告诉皇帝他们能做出世界上最漂亮的衣服，但所有的愚蠢之人都看不见这些华丽的衣服。被皇帝雇用之后，这两个骗子在城市里开了一家商店，每天假装在这间空无一物的裁缝店中辛勤劳作，但织布机上根本没有丝线。

即便如此，前来参观新衣缝制进度的政府官员，因为害怕皇帝的恼火，而不敢大声地说出来自己根本没看到任何东西。当骗子们的工作"完成"之后，一个仆人为皇帝穿上"新衣"。穿着新衣的皇帝，赤身裸体地在街上游行。围观的市民也保持了沉默，生怕自己是唯一看不见新衣的蠢人。最后，一个天真的孩子脱口喊出："皇帝根本没穿衣服呀！"直到此时，人们才意识到自己被骗了。而当民众已经意识到自己被骗子愚弄时，他们的皇帝依然傲骄地赤身裸体往前走。

我常常觉得自己就是那个拆穿骗局的孩子。顶着众人的压力指出真相并不容易。美国长期以来奉行的教育实践一直被认为是行之有效的，但实际上它效率低下。但是，诸位优秀的教师们，我们应该成为故事里的那个孩子，我们需要大声地呼吁，不要害怕卷入"好麻烦"中。

然而，就像故事中拆穿皇帝赤身裸体事实的孩子那样，每当我发表异于主流的意见时，总有人被激怒。而我的观点经常会令人感到不快，是因为这些观点挑战了人们对什么是好的，或什么是正义的等约定俗成的看法。例如，在美国每隔几个月就会在互联网上出现一些非常火爆的视频，展示某个教师带着学生跳舞，所有的孩子都在大笑和狂欢。下面是数十万的评论，都在宣称这个教师多么优秀，而且看到所有的孩子都如此开心地学习，难道不是一件值得庆祝的事情吗？

每当这种时候，我就要成为童话故事里那个扫兴的小男孩，我不得不大声地问，"是什么让你们觉得这个教师如此优秀？他的学生是表现出超越同龄人的聪明才智，还是具备超乎常人的杰出品格？任何一个教师，只要他/她想，都可以带着一群孩子跳舞和尖叫，但是我们关于教育质量或教师质量的评价是否已经急剧退化，以至于把教室变成一个夜总会一般热闹的场景已经被认为是非同寻常的教育成就？"我常常觉得，我们有必要指出并意识到一个优秀教师能做的事情有很多，绝不止于只是带着孩子们开心地跳舞。

最好的教师能够改变学生的人生，他们的课程能够激励学生去他们从未梦想过的地方，实现他们曾经视为不可能完成的任务。身为教师，能够帮助学生们通过考试当然是一件好事，但如果我们能够引导他们改变世界，岂不是更好？

我会教会孩子们三件事，这三件事将改变他们的生活和命运。下面，我将非常荣幸地与诸位逐一分享，为何阅读、音乐和旅行这三件事能够帮助年轻的学子们在得到正确引导的情况下，获得成就非凡的人生。

不管你教的科目是什么，我相信诸位都一定能够从下面的内容中获得灵感和启发，并将它们融入到自己的课程中，使学生成长为更快乐、更明智和更优秀的人。

很多学校开设了阅读和音乐课程，但往往达不到有价值的教育目标。有些学校确实设置了研学活动的项目，并帮助孩子们留下了在著名景点拍下的令人印象深刻的照片，但依然还是错过了可以将年轻的学子推向更广阔的星空大海的重要机会。正如童话中的孩子那样，我见证了太多错误或虚假的教学实践，但是即便如此，过去40多年的教学工作也让我触碰到一些切实可行的解决方案，希望诸位也可以用来改善自己学生的学习效果。下面，我将邀请诸位详细地了解我们在第56号教室的一些创新实践。

阅　读

问渠那得清如许？为有源头活水来。

——朱熹

> 直到失去阅读时光，我才开始爱上阅读，就像不能呼吸之前，没人在意呼吸那般。
>
> ——哈珀·李（Harper Lee），《杀死一只知更鸟》作者

> 我觉得电视很有教育价值，因为每次有人打开电视机，我就到另一个房间去读一本书。
>
> ——格劳乔·马克斯（Groucho Marx），美国喜剧演员

首先我们需要承认问题的存在。以酗酒行为的戒断为例，专家们表示许多酗酒的人都处于一种否认问题的状态。在酗酒者能够开始漫长而艰难的戒酒之路之前，他们必须勇敢地站起来，承认自己存在酗酒的问题。承认自己的问题并不容易，但美国已经有数百万勇敢的人站出来面对现实，并找到了通往清醒而健康生活的道路。

然而，谈到阅读我们就必须接受一个残酷的事实，一个无法避免的问题，一个令人心生畏惧的困难，即**没有几个人在读书**。

也请诸位不要害怕承认这个可悲的事实，因为这不仅仅是教师的错，而是一个相当复杂的社会情况。就像一个酒鬼那样，我们必须首先承认大多数人已经不爱读书了。哪怕优秀的教师试图给学生布置一些经久不衰的典籍作为阅读任务，学生们也很少愿意读这些文学作品。因为即便他们努力去理解文本，可再聪明的高中生在没有教师辅助的情况下也很难读懂这些经典，但如果我们只是要求他们掌握一些通过考试所需的基本理解或知识，这个任务就很容易完成。

我教过的所有学生，不仅仅在学生阶段是优秀的读者，在作为社会公民的余生里依然是优秀的读者。我很乐意与大家分享如何培养出年轻的阅读爱好者，但在此之前，请让我们诚实地分析当前面临的问题。

在新型冠状病毒感染疫情期间，我看了讲述世界各地的民众如何应对面临的问题的诸多新闻报道。其中一篇提及了一个做生意的勤勉小商人。这是一个好人，但与其他小生意人一样，因为疫情的原因他的商店可能需要无限期地关闭。他有一大家子需要养活，担心没钱支付各种费用，于是想方设法地维持生意。

在表达他的愤怒时，他一直在抱怨他不得不一直待在家里。他说自己无事可做，快要发疯，所有能看的电视节目都看完了，手机上的游戏也玩得厌倦了，整个人都快被无聊折磨疯了。

但是，他根本没有提到阅读。这样的一个人——诚实勤劳的一个公民——甚至从未考虑过将阅读作为一种学习、放松、稳定情绪和渡过困难时期的方式。看到这个新闻，我心里想的是，"这或许是全球人的通病"。

事实就是，大多数人都不爱读书。或许你内心会反驳说，"不是的，雷夫，我就读过很多书，我认识的人也在读书"。这或许是事实，但让我们诚实一点，看看整个社会的大趋势。看看你所在的城市或社区，去公园、海滩或火车站看一看，你能看到多少人在阅读？在与人们交谈的过程中，你有多少次听见对方引用一本书来说明问题？有多少次是在分享最近的阅读心得或收获？

但这完全是学校的责任吗？当然不是。但是，全球各地的教育系统在阅读教学的方式上或多或少都存在问题，而且这些错误已经持续了100多年。当我像《皇帝的新衣》中的孩子一样，试图指出阅读教学中存在的错误做法时，他人常常嘲弄地说，"这就是我们一直以来的做法"。许多人就是宁愿把头埋在沙子里也不愿面对痛苦的现实。我将在下面列举几大缺陷，论证为何即使孩子们学会理解了词汇和语言的含义，也不一定意味着培养终身阅读者目标的达成。

看到这里，诸位也先别急着恼羞成怒，我知道家庭状况、社会价值观和互联网的诸多诱惑的干扰，的确成为了将学生培养为优秀阅读者的重重障碍，但学校自身也不可就此将责任推卸得一干二净。尽管我们无法控制所有因素，但身为教师，我们可以通过认真审视自身的职责和义务来完成这个艰难的挑战，以期培养出更优秀的学生。

缺陷1：根本性的错误——教师的缺席

学校所犯的一个巨大错误是培养终身阅读者流程上的一个核心缺陷，无论试图培养学生读写能力的优秀教师打下多么好的基础，都会被此缺陷完全破坏。我们不妨把阅读教学与其他课程的教学放在一起来考虑。

假设一个孩子要学小提琴，老师首先肯定会教一些基础的乐理知识。孩子在学会读谱子和如何演奏基本的音阶之后，如果能够坚持数年的训练，可能会成为一名优秀的演奏家。但是，即便成为了一个专业的小提琴演奏家，他依然每天需要在教师的指导下继续练习。而且，专业的音乐家也会继续从其他专业人士身上学习，磨炼自身的技术，不断提升演奏的技艺。

同理，大学里建筑系的学生一定会定期接受绘图大师的监督和指点。这些教师将监督学生的创作，并给予建设性的批评。辛勤工作的教师们返回的带着批注和建议的文章将使优秀的年轻作家成长为更好的作家。从幼儿园到大学，我们所学的每一个科目，都会有导师监督和指导初学者或专业选手，以帮助他们达到更高的水平。

但这恰恰不包括阅读技能。我们在小学阶段，教学生们如何认识单词，然后关于阅读的指导就到此为止了。在学生能够拼读单词之后，他将在未来的许多年里，完成很多涉及阅读技能的课程或作业，但不会再有任何与阅读相关的指导。接受这样一个错误的事实，要求我们秉持一个开放的心态。一个7岁的孩子认识所有的单词，并不意味着他能够消化、理解和内化重要的文学作品。没错，优秀的教师会指定学生阅读特定的经典书籍，因为这些书籍饱含智慧和引导，对学生的成长至关重要。但是，你能够指望一个刚刚识谱的15岁孩子，自主演奏出门德尔松的小提琴协奏曲吗？当然不能。这个孩子将花数百个小时，与一位知识渊博的指导教师一起征服和探索这样一首标志性的音乐作品的每一个乐句和挑战。

关爱学生的教师会安排文学作品的阅读任务，要求学生们回家之后，自行阅读特定章节的内容，然后在第二天的课堂上进行讨论，尽力激发学生看到所读内容的价值。

事实上，大多数学生回家之后，根本不会阅读教师规定的章节，但这不是教师的错。这种布置课后阅读作业的技巧，可能在1935年有效，但时代已经变了。现在的事实是，大多数的孩子回到家之后，根本不会翻开课后需要阅读的书籍。没错，现代社会存在太多的干扰因素，无论是互联网、电脑游戏、家庭矛盾或是任何其他无数的干扰因素，最终的结果是阅读的任务没有完成。哪怕一个优秀的学生试图花时间阅读、理解复杂的文学作品，这些作品中依然充满了他难以理解的隐含意义或材料，即涉及了历史事件、地理状况和困难词汇的内容。此外，作者运用高超的象征主义、讽刺和幽默手法或悲剧式的文字描述的精彩时刻，或许对于这些认真但缺乏经验的青少年读者来说，是很容易被忽略或无视的内容。

如果我们足够幸运，可能会有学生愿意用电脑查阅一些资料并收集到关于文本的足够信息，以便通过考试，或完成课堂讨论的任务。但是，在这个过程中这个孩子已经错失了阅读一些值得注意的细节的机会，更糟糕的是，这种阅读方式将导致他永远无法成为一个终身阅读者。

缺陷2：速读者不等同于最好的阅读者

目前，世界各地都在小学阶段评估学生的阅读能力和水平。在很多时候，我观察到这些评估非常强调阅读速度的衡量和分级，当一个学生每分钟的阅读字数比另一个学生多时，读得速度更快的学生能够获得更高的分数。而一个自诩"睿智"的识字培训师会宣称，更快的速度等于更强大的理解能力和识字能力，而你会发现坐在下面的所有教师听众都会认可地点头。他们会进行所谓的测试，然后将这种无稽之谈——没错，在我看来就是无稽之谈——传授给小学阶段的孩子。于是乎，在一夜之间阅读这项本应是激发快乐、兴奋和探索的活动，沦落为一个充满压力、焦虑和恐惧的测试噩梦。

从什么时候，人们开始相信阅读的速度与对阅读的热爱或阅读的能力有关系了呢？回想一下你自己很喜欢的一本书，在你阅读的时候，你是否会以分或秒为单位来衡量和评价阅读的体验？如果一个学生读《红楼梦》的速度比另一个学生快，我们是否就能够因此而断言第一个学生更优秀？答案当然是否定的。但是，正如那个看到皇帝赤身裸体走在大街上的小男孩那样，如果你在一个职业教师发展会议上提出这个问题，或许就会因为说出事实的真相而遭到批评或围攻。

我教过成百上千的孩子，他们都因为对文学的狂热喜爱而成为了出色的学者，他们有人读得快一些，有人读得慢一些，但阅读的速度并不是决定他们优秀程度的衡量标准。反之，理解力、内化能力、快乐和智慧，以及观察力，才是一流的教师需要在年轻的学子身上培养的品质。

但不可避免的是，一些所谓的"阅读专家们"会援引所谓的研究和统计数据，证明在对学生的读写能力进行评分时"速度"应该成为一个重要的参考因素。而我个人的理解是，这些所谓的阅读专家中的许多人根本没有进行教学，但我们不一样，我们才是真正开展了教学实践的人。

在足球场或田径场上速度或许是决胜的因素，但在文学和阅读中，它根本无关紧要。

缺陷3：大声朗读只是最终目标的一个步骤而非全部

要求学生大声朗读应该是全世界各地都很常见的一种教学方法。当我自己还是个年轻的教师时，我也经常要求学生大声朗读。这并不是一件坏事，大声朗读肯定有其优点。有些教师会采用"轮流大声朗读"的方法，即点名个别学生站起来大声读一段话，其他学生听着并跟读。其他教师或许更偏爱"合唱式大声朗读"，即全班同学一起放声朗读。

这两种方法都有益处，在学生单独朗读时，教师可以听出他/她是否正确地掌握了词汇的发音和断句等语言信息，是否能以适当的表达方式来理解文本。当然，有些学生享受在其他人面前大声朗读，他们喜欢引人注目的体验，而有些学生则十分内向，非常害怕轮到自己当众朗读或背诵。但这些问题都不是教师的错。如果每次都是全班一起朗读，那害羞的学生或许会感觉好一点，但教师就没有办法判断哪些学生存在困难，并开展针对性的训练以解决问题。

我在前面提到，我也曾要求学生大声朗读，但是后来我放弃了这个方法。究其根本，在于我想起了我的使命是什么。我的使命就是希望激励孩子们成为终身阅读者——我希望孩子们每天会为了快乐而阅读，并在寻找感兴趣的信息时获取知识。作为一个狂热的读者，我扪心自问：你会不会大声地朗读？我从来没有。

大声朗读的做法模糊了我们的使命。这样的做法当然有其益处，但我们有更有效的方法可以让学生理解和爱上读书，我将在下文中详述这一点。同时，如果我们要求学生大声朗读，那么可能传递一个错误的信号，即阅读是**一项学习任务**，而不是**一个终身习惯**。而身为教师，我们真正想要做的是在学生的脑海中创造出一个令人兴奋的形象，让他们知道一个一流的读者应该是什么样的。

我们需要创造条件告诉学生，在学校里进行的阅读应该与他们在20年后进行的阅读一模一样。

一个年轻的学生未能具备长远的眼光，但身为教师的我们可以。为此，让我们创造一个让学生未来的阅读行为在他们的脑海中清晰可见的课堂。如果大声朗读对你而言非常有效，不妨继续大声朗读，但不要自欺欺人地认为这样的行为能够改变孩子们的人生和未来。它不会，因为它只是一种技巧。只有当身为教师的我们将目光放在长远的未来，我们培养的阅读行为才可能有效。为此，请诸位耐心往下看，我将在下文中论述阅读奇迹如何在第56号教室中发生。

缺陷4：不诚实

前面讲的都是善意的教师在使用了不那么有效的教学策略后，导致的悲剧结果，然而最可悲的是，那些表面上看起来成绩斐然的课堂实际上没有取得任何实际的效果。下面这两个真实的案例中，我认识的学生勇敢地站了出来，成为了拆穿皇帝新衣的那个小男孩。

如果你对莎士比亚的戏剧略有研究，就应该知道它们一般被分为五幕。莎士比亚是一位杰出的剧作家——或许是有史以来世界上最伟大的作家——但是他的文本，对于没有接受过专业文学或戏剧训练的学生来说是晦涩难懂的。下面这个学生，回忆了他和班上的同学被分配阅读莎翁的悲剧作品《奥赛罗》的经历。在阅读了完整的剧本之后，这个学生才知道自己被骗了，他丧失了获取重要知识和快乐的机会，当然，在阅读的过程中，他使用了在第56号教室学到的阅读技巧（我很快会在下文中与诸位分享）。

我们在第56号教室做了很多阅读，而且是真正的阅读。今年在我的高中荣誉课上，我们"读"了《奥赛罗》。老师只给我们发了一部分的内容，要求我们按照给定的章节阅读。为了方便起见，她将我们分成了5个小组，每个小组读一幕，所以我们甚至没能读完全部剧本。在读完之后，她要求我们分别转述各自阅读的内容，但这种总结和转述毫无意义。

与之不同的是，在第56号教室我们真正挖掘了文本。得益于这种精读的做法，我认为自己的写作和演讲能力有了很大提高。这就是我与其他学生的不同之处。因此，我对教师的建议是请尽可能带着学生一起阅读，多花点时间，反正我们在阅读课堂上除了阅读也没有其他事情可做。在课堂上阅读一本完整的书，并没有什么坏处。

这个男生知道，皇帝没有穿衣服，而他的同学和老师却扮演了沉默的大多数的角色，甚至告诉别人自己已经理解了莎士比亚的经典悲剧。这种不诚实的行为，在大多数的学校都不会受到质疑，但正如下面这个例子所显示的那样，这只是冰山一角。

第二个"不诚实"的例子更糟糕。在第一个例子中，即使学生们并没有达到优秀教师所期望的那种深度和全面阅读，至少学生做了一部分的阅读，并通过讨论了解了一点关于《奥赛罗》的情况。但是，另一个发生在我以前的一个学生身上的故事或许超乎人们的想象，这件事情发生在她读高三的时候。这个故事涉及一项集体作业，即阅读库尔特·冯内古特（Kurt Vonnegut）的小说《五号屠场》（*Slaughterhouse Five*），这本小说虽然文采飞扬，十分精彩，但是难度较高。这部小说围绕二战期间对德累斯顿进行的难以置信的轰炸，对战争的虚无性进行了尖锐而尖刻的谴责。以下是学生讲述的故事：

在上课的第一周，老师把我们分成8人一组，并给每个小组分配了一本经典书。我们有一年的时间来阅读它，并在学年结束前最后一个月，做一个口头的汇报展示。老师告诉我们，会预留课堂时间给我们完成阅读任务。

在第一周内，我们组的其他7个孩子放弃了阅读。没有人能够理解这本书。我给雷夫打电话，每天晚上我们在电话里一起阅读。这是我读过的最好的书之一，但如果是我自己读，可能永远也读不懂，这本书实在是太复杂了。

周复一周，学生们问老师，我们什么时候会抽出课堂时间来讲一讲阅读的任务，他总是推脱说"下次"。但我们从来没有在课堂上做过阅读任务相关的事情，也从来没有所谓的最终汇报展示。到了学年的最后一个月，老师说没有足够的时间去进行阅读项目的汇报了，但不用担心，因为他给了每个人"A"。然后，他在我们学校的图书馆里，把所有我们应该读过的书摆了出来。每个人都称赞这位老师和他的学生，做了这么有挑战性的工作！这让人很尴尬，但几乎所有的孩子都不在意，因为他们得到了高分。

这是一个真实的故事，但正因为它是真实的故事，才令人感到可怕。学校、学区、社区和每个人都"兴奋"地看到学生们阅读并赏析了优秀的文学作品（没错，我就是在嘲讽）。

幸运的是，尽管教授学生有效阅读看起来是一个无法克服的问题，但我们的确拥有可能的解决办法，就像酗酒的人那样，我们需要首先承认问题，然后就有可能踏上恢复之路。

我们教师的确可以克服互联网、社会的冷漠或赤裸裸的腐败所导致的重重困难，教会学生阅读，使他们成为终身阅读者，第56号教室就是最成功的证明。下面，我们一起来看看为什么第56号教室的孩子们，不仅经常阅读，而且非常喜欢阅读，并因为阅读的习惯，实现了人生和命运的转变。

只要观摩一节第56号教室的阅读课，你就能感受到阅读带来的兴奋感和成就感，而这也将鼓舞并激励诸位，模仿我们在第56号教室使用的成功技巧，培养非凡的终身阅读者。但在此之前，我们需要了解能够使阅读变得快乐，并具备改变命运的力量的4个必要步骤。

步骤1：弄明白学生为什么要阅读

第一步看似容易，但却至关重要、必不可少。带着学生开始阅读之前，我们需要回顾一下阅读课的**目标和使命**。我们带着学生阅读，不是为了让他们通过一场考试，或获得优异的成绩，这些都是学校的学习任务，而不是终身的习惯。我们读书真正的目标，是为了提高学生未来的生活质量。

我们要让学生们知道，每一本好书都**与他们息息相关**。当然，每一本书里的故事或人物都各不相同，但每一本书都提出了一些基本的理解问题，要求认真的学生们去回答。通过阅读一本书，学生们需要知道某些特定的人是谁，他们面临什么样的冲突，以及主人公学到了什么东西，所有这些都是至关重要的基本问题。但阅读的意义远不止于此，阅读文学作品的经验实际上是关乎读者自身的，我们作为读者可以从这段阅读的经历中学到什么？能够从文本中内化出什么，从而指导我们未来的人生？通过围绕学生本身来构建你的阅读课程，会让学生迫不及待地吸收来自文学作品的智慧，而且其阅读积极性将高于任何常规课堂能够激发的积极性。我建议诸位，可以在每节课开始之前，花一两分钟强调一下读书的必要性和意义，确保学生们都明白，读书不是教师布置的作业，不是为了提高成绩，甚至与进入大学的申请无关。我们读书，是为了使我们的生活变得更美好。

步骤2：不把阅读当作一个任务来教授

我以身作则，具备长期阅读的良好习惯，为学生提供的阅读机会，我的学生们每天都会意识到阅读是一个聪明人每天都要做的事情。阅读不仅仅是为了预习课程，或完成教师布置的课后作业。但考虑到现代学生成长的世界（这是一个充满了各种诱惑和干扰的世界），想要让他们相信这一点并非易事。如前所述，大多数学生很少看到身边的人阅读，无论是在家里，还是在外面的世界。

这恰恰也是教师们可以发挥力量帮助学生们改变人生和命运的地方。或许你也想花更多的时间带着学生们一起阅读，但既定的教学方案让你无法将整节课的时间都用于阅读。但更常见的是，很多教师认为，"教授阅读不是我的职责，我是一个数学或化学老师，不是阅读课老师"。这就是问题所在。其实，教师们可以利用这个问题教给孩子们一些非常重要的东西，即阅读并不是一项必须限制在学校才能进行事情，不需要将其局限于学校既定的课程或既定的时间段。阅读可以并且应该发生在一天中任何时间和地点，可以与任何科目的教师一起进行。

哪怕你的工作职责没有明确规定，你依然可以带领学生阅读，阅读本身很有趣，而孩子们最终会意识到，有智慧、有教养的学者会一直在阅读，无论他们在指定的教学时间里教授什么科目。想象一下这个信息的力量，如果一个数学教师可以每周抽出两次午餐时间与感兴趣的学生一起阅读，那么阅读能够带来的内化以及快乐和兴奋，将成倍增长。不仅学生们会成为出色的、积极参与的读者，其他科目的教师也会更能意识到阅读的重要性，这将带来颠覆性的影响。

虽然在你的课程计划中你可能没有足够的时间安排给阅读，但是你依然

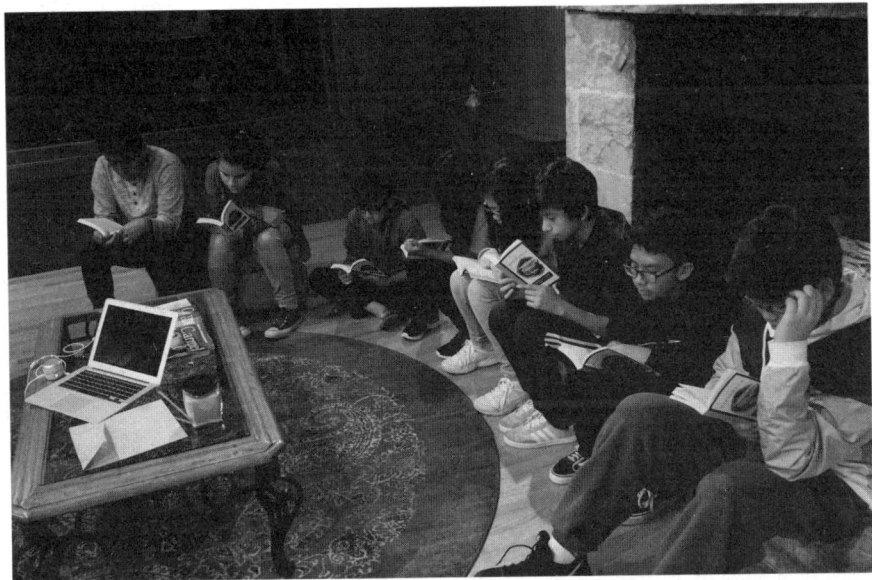

前往加利福尼亚州蒙特利市的班级旅行，孩子们利用晚上的时间，享受阅读的乐趣

可以通过一些设计，每周与学生一起阅读两到三次。例如，我们可以在课前或课后开设阅读俱乐部。比如，我自己每周六都会和学生们一起在线阅读几个小时。学生们反馈说，这是他们一周中最期待也最享受的时光。

但如果你现在脑子里的想法是，"天呐，雷夫，我现在手头的工作安排已经让我精疲力竭了"。不妨再想一想，一旦你迈出了最关键的一步，与学生开始一起阅读，那么你将收获无尽的好处。通过分享共同的阅读经历，学生将与你建立一种非常密切的关系，你也将从学生那里获得更多的信任、信心和尊重，这将会延续到你教授的课程中，无论你教授的科目是什么。你培养出的学生不仅将变得更聪明，而且将更加尊师重教，更加尊重彼此。

步骤3：在阅读前，给学生提供必要的背景信息

在真正开始阅读之前，我们还需要完成至关重要的第三步，这将大大提

升阅读的效率。鸿篇巨著往往包含了年轻的学习者们不懂或不熟悉的各类信息或者参考资源。因此在开始阅读之前，身为教师的我们，最好先仔细阅读即将带着学生们一起读的文本，找出晦涩难懂的词汇以及学生们很容易错过或无法理解的意象或画面。如果一些图像或词汇将令最努力学习的学生也感到困惑、迷茫或沮丧，我们不妨将它们汇总列举到一个文档里，在阅读之前给学生们讲解清楚。这些晦涩难懂的信息，往往是学生们需要进行抉择的十字路口，要么他们因为当前的材料太难而退缩（并表示读这些东西很无聊），要么我们成为明智的引导者，指引学生们走向光明的应许之地。身为教师，积极主动地阅读即将带领学生们阅读的文本，帮助学生们提前扫清阅读障碍，其重要性再怎么强调也不为过。

我希望通过下面这个小例子，向大家讲清楚我们在第56号教室的做法。最近，我们一起读了诺贝尔文学奖得主托妮·莫里森的精彩小说《最蓝的眼睛》（The Bluest Eye）。在其中一个章节里，莫里森提到了20世纪30年代的一位知名电影明星，同时还提到了当时的一部著名电影，以及故事中孩子们喜欢吃的一种糖果。

我的学生从未见过或听说过这部电影、这位电影明星，甚至不能理解这种糖果对电影故事里的人物生活是至关重要的。所有这些，都成为了决定阅读是否能够继续的转折点。当我带着孩子们一起阅读这一章内容时，我会给他们提供下面的信息。

在阅读开始之前，我会要求学生记住这些信息。突然间，孩子们都成为积极的淘金者，迫不及待地想要去挖掘这个章节中隐含的金矿。当他们找到与这3条信息相关的短语或图像时，他们不仅能够更好地理解故事，而且会觉得自己聪明过人。这种参与感将使孩子们有能力和动机继续往下阅读。反之，当小说的意义和意象变得模糊不清时，独自在家阅读的学生就会丧失继

一根宝力豪的棒棒糖

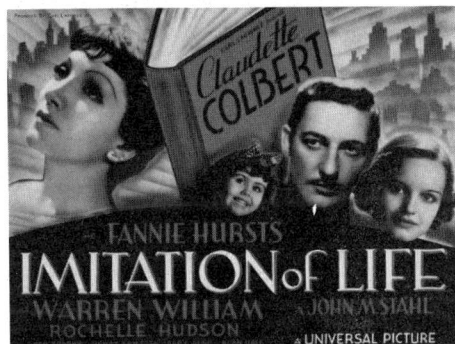

一部1934年的著名电影

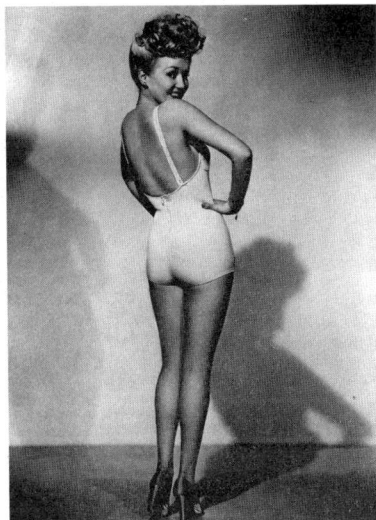

贝蒂·格拉布尔（Betty Grable），
20世纪30年代的著名影星

续阅读的兴趣。

　　在开始阅读之前，记得回顾这些信息。当然，有些教师会选择在阅读的过程中，遇到需要解释的地方就暂停阅读进行解释，然后再继续阅读，但这个做法会打断精彩的阅读带来的流动感和兴奋感。

　　另外一个有用的方法是制作一张故事人物图。请诸位看看下页这个示例，就大概知道人物图应该是什么样子。这样一张人物图谱可以帮助学生记住人物及人物关系，尤其是在一本书的前几章。下面这张人物图谱，是我们在阅读《最蓝的眼睛》之前，提供给学生的一个样本。

克劳蒂亚·麦克蒂尔

一个想要探索世界的
非裔美国女孩

朋友

皮克拉·布莱德拉夫

一个想要一双蓝色眼睛
的非裔美国女孩

姐妹

无爱

父亲

弗里达·麦克蒂尔

自认为深谙为人处世之
道的非裔美国女孩

母亲

查理·布莱德拉夫

暴躁易怒、酗酒成性的
非裔男子

夫妻

波琳·布莱德拉夫

暴躁易怒、信仰虔诚的
非裔妇女

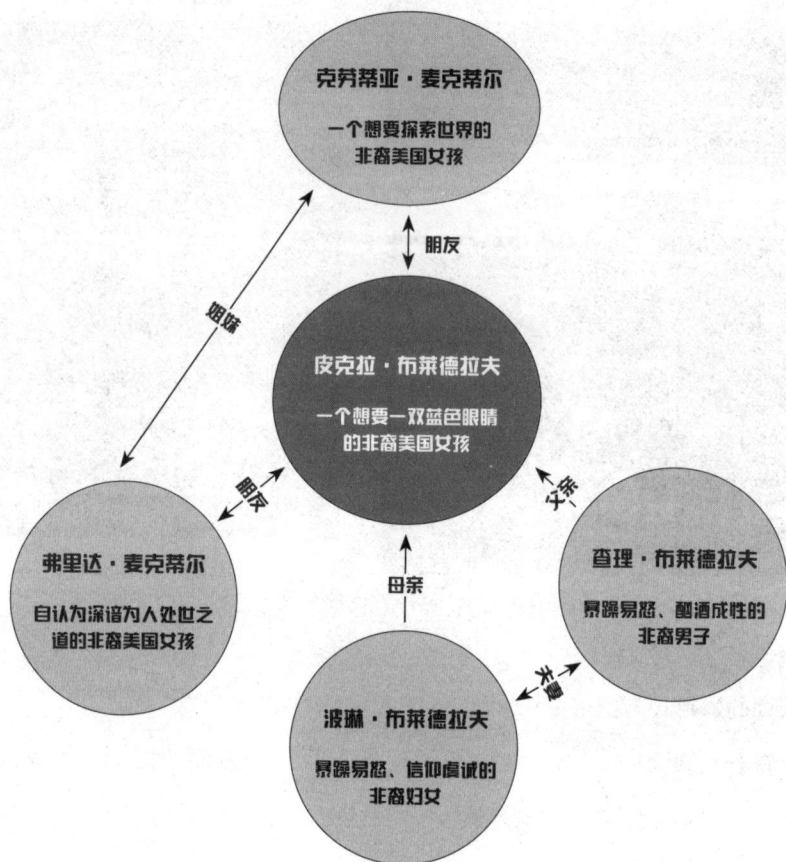

　　此外，以这种方式与学生一起阅读还有一些额外的好处。在遭遇了新型冠状病毒感染疫情之后，很多的教学工作转为线上，我认为在疫情过后虚拟学习也将继续在各种教育环境中持续。我个人的经验是，前面列举的诸多工具在线上阅读的情境下也同样适用。我会在阅读前几天，把图片和人物图谱发给学生。很多学生会仔细地预习，但在开始阅读之前，我还是会带着学生把发放的阅读材料先过一遍。这样的做法，给我带来了一群全神贯注和沉浸在阅读的兴奋感之中的学生，哪怕我们采用了极易分心的线上阅读模式。完成前述的准备之后，我们就可以着手改变学生的人生了。下面的步骤4，将展示这个伟大的目标如何达成。

步骤4：让每堂阅读课都与众不同

每个教师都有自己的独门秘诀，因此如果我要求诸位必须采用我的方法完成阅读课的教学，这就是既傲慢又短视的。幸运的是，我既不傲慢，也不短视。

但是，我可以自信地说在第56号教室采用的这些阅读操作步骤十分有效，因此我恳请诸位不妨考虑借鉴一下我的意见，并稍加尝试和实践，看看能否行得通。

我们要承认，让学生自己回家阅读的时代已经过去了，这不是教师的错，但所有诚实的教师都知道孩子需要专业教师的指导，才能够完成具有挑战性文本的阅读任务。因此，我选择带着孩子们**一字一句**地读完书籍的每一页。

首先，选择一本你喜欢的书。你选择的书籍应该是一本你个人非常喜欢读的书，哪怕抛开了教师的身份，你也非常喜欢阅读此书。当然，这些书也要适合你的学生，不管你的教学对象是小学生，还是即将进入大学的高中生，你都应该非常了解你的受众。

其次，确保每个学生都能够拿到一本纸质书。在有些阅读课上，精力充沛的教师会给班上的学生大声朗读书的内容，全班学生全神贯注地听。这可能是一个有趣的方法，但如果是这样，这节课就变成了一节听力课，而不是阅读课，因为学生自己并没有阅读。此外，如果是教师为学生朗读内容，教师就成为了注意力的中心。但很多时候，教师应该是整个课堂的领航者，学生才应该是注意力的中心。

最后，孩子们不需要大声朗读，教师也不需要这么做。这可能是我能够给出的最重要的建议，当然，教师可以选择播放书籍的音频。我们可以在互联网上找到有史以来最优秀文学作品的数以千计的音频，并且都是由专业人士朗读的，有时候一些著名的作家甚至会亲自朗读自己的作品。教师可以选择将这些音频下载到手机上，在阅读课上公放，让学生在聆听专业人士口齿伶俐、感情丰富的朗读的同时，眼睛跟着书中的文字走，这将使故事变得更加生动而立体。

毕竟，当学生沉默地阅读时，他们只使用了眼睛获取信息，但是听读结合的方式能够更充分地调动各种感官，使得学生获得更好的阅读效果。就像品尝美食那样，如果我们在享受到视觉美感的同时，还能获得嗅觉和味觉上的享受，那么这顿饭才可以称得上是色香味俱全。

与此同时，因为教师自身没有在阅读，教师就可以把所有的精力都放在观察学生上，教师可以不时地暂停音频，提问孩子看看他们是否充分理解了内容。你或许会惊讶于学生通过聆听音频收获的阅读理解程度。想一想孩子们是如何学会说话的？他们不是通过看书或写作业来掌握语言技能的，他们学会说话的方式是聆听和模仿其他人说话。因此，听觉学习是一种特别有效的教学工具，但却经常被大多数教师忽视。仅仅听过一两遍，学生就可以记住数以百计的流行和说唱歌曲。同样的道理适用于阅读的教学，虽然大声朗读对孩子们来说是一件好事，但在阅读的过程中，学生们需要把全部的精力都放在文字及信息的理解和研究上去，因此这时候最有效的方法，其实是听一个出色的专业朗读者的声音。

当然，我不能将听觉学习有效性的想法归功于自己，在美国著名非裔女作家玛雅·安吉罗（Maya Angelou）的惊人之作《我知道笼中鸟为何歌唱》（*I Know Why the Caged Bird Sings*）中，这位智慧的女性在向一位聪明但有困扰的年轻女孩提供关于如何阅读的建议时，说：

你的祖母说你经常阅读，只要一有机会你就愿意读书，这很好，但还不够好。文字的意义不只是写在纸上那么简单，它需要人的声音，来为它们注入更深层次的意义。

如果你能够采用下面的提问方式，那么你还可能收获更好的阅读效果，即提出难以回答的问题。事先告诉学生不必担心，你可能会提出一些他们无法回答的问题，但一定要让他们知道，无法回答也没有关系。这是因为，在学校里很多学生害怕被点名回答问题，他们害怕因为答不上来而在同龄人面前显得自己很愚笨。为此，教师要确保学生明白，你可能会提出一些你已经知道他们答不上来的问题，但提出这些问题的目标不是让他们丢脸，而是引导他们去发掘更重要的意义和教训，让他们看到之前被错过的信息或隐藏的意义，最终使他们对阅读充满兴趣。通过这样的方式，学生对你的尊重或将飞速提升，因为你的智慧，帮助他们揭示了之前被隐藏的意义和主题。身为教师，我们应该像苏格拉底那样，每一个问题的提出都是为了引出更多的问题。这样的阅读方法将让孩子们意识到他们对于文学的探索将是永无止境的。明天，后天，以及无数个未来，阅读都将继续，伴随他们的终生。

如果你觉得这是我的一家之言，不妨看看我收到的来自学生的无数封感谢信。他们曾经在其他的阅读课上有过非常不愉快的经历，这些课程犯下了前文提到过的所有错误。但是，当这些学生跟着一个好老师一起一字一句地读完了一本书，尤其这个老师还给他们提供了生词、难词的词汇表，故事的路线图和人物的插图等辅助信息时，这些年轻的读者仿佛打开了通往全新世界的一扇大门。下面这封信，就来自这样一位学生。

嗨，雷夫！我超喜欢阅读《最蓝的眼睛》的过程，这是我最喜欢的一本书，因为这本书每一页上的每一个段落中都隐藏着许多深层次的意义。这一次的阅读经历尤为令人难忘，因为每一页故事都充满了极其强烈的情感冲击。从查理被父亲拒绝，到皮克拉被侵犯时的缄默不语，托妮·莫里森是写悲剧性故事的大师。在教育人们作为非裔美国人生活的恐怖方面，她是当之无愧的大英雄。但是你说，这不是她最好的作品，这让我很困惑，我迫不及待地想读她更多的小说。

有太多的书可以选择了。在因为新型冠状病毒感染疫情隔离之前，我想试试《五号屠场》或《二十二号陷阱》，因为你以前提到过它们。出于兴趣，我做了一些研究。作为一个热爱学习历史的人，我真的想更多地了解那个时代。但与此同时，我觉得我们对非裔作家的了解太少。令我沮丧的是，我的英语老师跳过了詹姆斯·鲍德温的书。我们没有完整地阅读他写的小说，只读了他的一句引言。

这种阅读方法并非什么不可触及的梦想。当然，刚开始的实践看起来很费劲，因为我们首先需要将其安排在常规课程中，或安排在学校的课后活动中，或者每周挤出那么一两次的时间专门用于阅读。但事实上，我们可以每周抽几个晚上，以线上的方式完成共同阅读。无论如何，只要我们愿意尝试，我们就能够在学生身上埋下一颗永不熄灭的火种。我们将培养出沉浸于书籍世界，而不是沉迷于手机和网络的优秀学者。想象一下这样一个光明的未来，即图书馆将成为你的学生在闲暇时间里的首选之地。

也许未来某一天，你的学生会像我曾经教过的一个中学生那样，给你带来巨大的惊喜。他很喜欢建筑，正在网上设计一个虚拟的房子，并为自己创造的美丽房间和可爱的景观而感到自豪。但他告诉我，最令他兴奋的是整个房子里最大和最重要的空间不是客厅或餐厅，而是书房。

音　乐

> 我会教孩子们音乐、物理和哲学；但最重要的是音乐，因为音乐和所有艺术都是学习的关键。
>
> ——柏拉图

> 夫乐者，乐也，人情之所不能免也。
>
> ——荀子

> 大音希声。
>
> ——老子

> 如果音乐是爱情的食粮，那就继续演奏吧。
>
> ——威廉·莎士比亚

　　写到音乐的教育力量，我十分激动，毕竟在我多年前的职业生涯初期，我对于音乐的力量及其在教育中的重要性，并没有很深刻的认识。但正如之前反复论述的那样，这本书写作的一个目标是见证教育的改变。关于音乐在教育中角色的转变，我不仅是一个见证者，还是一个初出茅庐的探索者，我做梦都没有想到，演奏乐器将会成为我的课堂上必不可少的一项活动。在此我要感谢生命中那些与众不同的人，是他们拓展了我关于教育的理解，关于音乐改变命运的可能性，能够遇到他们是我的荣幸与运气。

如果你对于音乐如何在教学中发挥作用没有任何概念，不妨保持一个开放的心态，无论你教什么科目——哪怕你自己不会唱歌，也不会演奏乐器——你依然拥有一个不容错过的机会，还是能以非常快乐和积极的方式，改变学生的未来和命运。因此，请你不要错过下文的每一个字。

在我撰写本书之际，遭遇了新型冠状病毒感染疫情，正常的教学工作停止了。尽管如此，我的学生们每天坚持快乐地练习音乐——练习复杂而优美的乐曲——在其他人感到绝望崩溃之际，学生们能够在隔离的处境下继续茁壮成长，这应该归功于音乐的魅力。这些学生并非来自富裕之家，他们大多生活在艰难的环境中，大多数邻居的孩子都会因经济贫困和不被社会看见而放弃自我，但这些学生不会。他们注定要摆脱贫困，勇敢征服新世界，那些曾被认为遥不可及的知名学府将满怀信心地录取他们。而正是音乐——没错，音乐——将这些学生带到了许多同样有价值的年轻人从未涉足的地方。而他们即将在一个从未真正充分意识到音乐的力量，自己也从未在浴室放声高歌的老师的带领之下，抵达理想的彼岸。

为此，我鼓励诸位也将音乐视为一个可能的跳板，让学生能够通过音乐，以出乎大多数人意料之外的方式成长和发展。但是，在我们了解音乐带来的无限可能性之前，我们首先要诚实地审视一下为什么能够让孩子们梦想成真的音乐课程如此之少。了解这个问题背后的原因至关重要，优秀的教师必须勇敢地面对一些残酷的事实和教育体系的缺陷，然后才有可能修正自我、积极地向前推进教学，并帮助学生实现更美好的人生。

缺陷1：寂静之声

我曾有幸在无数个场合给无数优秀的教师们演讲，在一个又一个城市，当我问及教师们都教什么科目时，教师们大喊"历史、语文、化学、数学、英语"等，他们可能会列举十几门重要的学科。然而，令人震惊的是，很少有教师宣布自己教的是音乐。

没错，在很多备受赞誉或财力充足的学校里已经开设了音乐课程。但是，在世界各地的大多数学校里，根本没有音乐课。看到这里，你心里可能会想，"是这样没错，但是，我又能怎么办呢？我就是个数学老师，也教不了音乐啊"。事实上，你可以做一些事情的，在积极尝试之前我们永远都不知道什么是可能的，什么是不可能的。因此，请诸位继续往下看。现在，是我们消除课堂的沉默、放大音量的时候了。

缺陷2：只有良好的意图是不够的

一些学校开设了与音乐相关的课程或活动，比如组建儿童合唱团或者是管弦乐队，这当然是一件好事，但是否足够好呢？正如我在前文所说的那样，一个优秀的教师应该要能够改变学生的人生，而学校里开设的诸多意图良好的音乐课程却没有达到这一值得钦佩的目标。

很多时候，这些管弦乐队都由一个教师负责，这不是一件容易的事情。我见过一些拥有丰富乐器知识的教师，而且具备足够的能力，可以教会学生们弹出最初级的音阶。到了学年末，他们还可以带着学生表演出一场尚可接受的音乐会。这些教师工作非常努力，因此贬低或责备一个已经竭尽全力让孩子们学习音乐的教师是不公平的，甚至是残酷的。但作为一个诚实的人，我不得不说这些意图良好的音乐教师，并不是音乐教育的大师。由于预算不足、人员短缺、无可救药的孩子和不健全的家庭状况等因素，这些教师无法带领学生在学年末呈现出一场具备艺术家水准的让人惊艳的音乐演出，但观众依然会感到激动。

但是，最优秀的教师一定是不满足于现状的教师，一定是力求突破的教师。我曾认识这样一位音乐教师，她在小学负责管弦乐队的教学已经超过25年了。这是一个非常善良的教师，大多数学生都很喜欢她。每年圣诞节，小学的管弦乐队都会举办一场音乐会，表演6首歌曲。然而，25年来，每年都是同样的曲目，同样的选段，同样的安排。有一年，一位母亲观看了女儿的演奏，但脸上露出了悲伤的笑容，因为她在这个小学上学时，也曾在这个管弦乐队表演过同样的歌曲，然而，她已经有二十多年没有拿起过小提琴了。

对于大多数长大后沦为平庸的孩子而言，这就是他们未来的人生，他们在人生的早期接受过一点儿音乐的熏陶。更遗憾的是，在学校简单接触音乐的经历也并没有激励他们，没能帮他们推开通向更大可能性的大门。音乐，沦为了打发日常无聊时光的消遣。

而作为教师的我们，可以并且应该做得更好！

缺陷3：错误的目标

但是，在展示音乐作为一种强大的教育力量之前，我们有必要对那些偏离了方向的音乐课程进行痛苦的、有时甚至是令人扼腕的审视。一些学校的乐团看起来徒有其表但败絮其中。在前文的缺陷2中，辛勤工作但音乐资质平庸的教师，也许正在竭尽全力地给学生的生活带来一抹音乐的色彩。或许这样的乐团不会诞生莫扎特或魏良辅这样的天才音乐家，但至少有教师正在努力为孩子们的集体灵魂带来一些音韵的享受。

然而，在这种表象之下，隐藏了一个严重的缺陷，正如《皇帝的新衣》那样，一些学校自称实现了卓越的音乐教育，但实际上却没有取得任何效果。造成这个问题的原因很简单：学校和教师——甚至是优秀的教师——都忘了学生应该沉浸在音乐教育中的根本原因。这是一个错失了教育良机的问题，因为很多的音乐课程或活动，其本质目标不是为了教学生倾听、努力工作、团队合作和快乐的价值，而是为了一个学年末的演奏会。这是一个严重的、本末倒置的错误。很多时候，学生们不得不将音乐享受放在了次要地位。

　　下面三点，将说明当一个音乐课程偏离了初衷，产生不理想的结果时，会发生什么。

　　第一，我看过的很多音乐会，都是专业的成年演奏者和学生一起演奏的，当然，这样的演奏效果会更好，听起来更令人享受，但这对孩子们有什么帮助吗？没有！也许只让学生独立演奏的音乐会听起来不完美，但那又如何呢？如果学生希望音乐成为人生漫漫旅途的忠实伴侣，那么这样一场音乐会或许不过是其中一个微不足道的过程，即便搞砸了也没什么。如果犯了错误，好的教师和学生，反而会将这些犯错的时刻视为学习和改进的机会。因此，在本应专属于学生展示平台的音乐会中加入成年音乐家，不会有任何好处。就让学生们自己演奏吧，让孩子们在音乐的世界里尽情玩闹，哪怕是出错也无关紧要。

　　第二，最优秀的教师永远以**学生**为中心，而不是以**学科**为中心。我曾有幸观看过优秀的年轻学生呈现的出色音乐演奏。他们的音乐水平无可挑剔，但观众并不能看到孩子们在离开聚光灯之后到远离公众视线的地方的行为——他们的一些行为是可耻、傲慢、自私和粗鲁的。他们在演奏完自己的部分之后，对仍在台上演奏的其他同学的表演毫无兴趣；他们的父母将他们视为掌中宝，然而他们却会肆意地顶撞父母；看到这种不知感恩的孩子与全身心付出的父母之间的争吵，只会令人难过。在这种情况下，音乐教育的问题就在于很多人将其目标设定为呈现出色的表演，而不是给年轻的学生们提供一个机会和舞台，让他们可以收获演奏协奏曲之外的宝贵人生经验，即尊重他人、保持谦逊、心怀善良、懂得倾听，以及对所有推动音乐会顺利开展的人表达感激。但令人遗憾的是，所有这些品质都被遗漏在教师的计划书之外。然而，这甚至还不是教师忽视重要目标时，可能发生的最糟糕的事情。

最起码，那些行为不端但又出色的音乐家学生们，已经小有成就。可悲的是，近年来我们的社会是如此迫切地希望孩子们——尤其是来自弱势背景的不幸的孩子们——能够找到成功，以至于大肆赞美那些根本没有取得任何成就的学生。

第三，教师们不仅错失了音乐教育的重要目标，而且实际上损害了学生将音乐作为其生活一部分的机会。在美国，有一批备受尊敬的学校，因为给来自极度贫困背景的学生提供了严苛和军事化的课程而受到社会的认可。推崇"考试就是一切"的群体尤为认可这些学校，并赞扬其严苛的纪律，哪怕一个孩子因为行为不端而在脖子上被挂上一个牌子，并在他的同伴面前遭到教师羞辱。这些所谓的音乐课程的确会令我热血沸腾、泪流不止，但不是出于认可而是出于愤怒。

这些学院的学生的确可以选择学习拉小提琴，并加入一个剧团，但他们的演奏是机械的，对任何对作曲略知一二的人来说都不会感到鼓舞。这些学校甚至租用了华丽的音乐厅进行演出，并邀请政治家、慈善家和名人前来为这些年轻的演奏家庆祝。畅销书作家会专门撰稿称赞这些演奏会，将其描述为"天使在天堂为上帝吟唱小夜曲"。

我曾经去看了这样一场音乐会，我去得最早，走得最晚，就为了仔细观察这个所谓的"音乐的奇迹"。

我很快就注意到几个不同寻常的地方。80多个学生，已经带着他们的小提琴坐在了演出的位置上，但他们前面没有摆放任何乐谱。我很快找出了原因，这些孩子尽管已经演奏了两年多，但没有一个人识谱。事实上，他们中甚至没有一个人能够为自己的小提琴调音，助理教师为80多个学生逐一调好了乐器的音调。即便这些事实明晃晃地摆在眼前，观众仍然为这场演奏感到振奋，他们起立鼓掌，花束雨点般地洒向舞台。这就是典型的"皇帝的新装"的时刻。

演奏会的目的是为学校募集资金，对于直接点出了这场演出的功利性我感到很抱歉，我相信，这背后一定有很多辛勤工作的教师和行政人员付出了大量的心血。他们发自内心地认为，自己在做一件好事。而我看到的事实，却是这群孩子相信自己是顶尖的音乐家，但实际上，因为缺乏基本的音乐技能，他们甚至没有资格在一个普通的高中管弦乐队中演奏。这就意味着，在这个项目结束之后，他们中没有一个人会继续玩音乐，没有一个人能够借此成为真正的音乐家。就像在马戏团里训练有素的动物那样，他们沦为了展示特定音乐技巧的道具。当然，这些孩子也付出了艰辛的努力，他们肯定要机械地练习无数个小时，才能够在没有曲谱的情况下准确无误地演奏出几段旋律。

然而，整个场面中最可悲的是，孩子们以为自己是杰出的音乐家，因为学校以"提升自尊"为名头欺骗了这些无知的孩子。我的天啊，他们敢不敢告诉孩子们真相呢。学校完全可以告诉孩子们，作为初学者他们的表现很不错，但他们依然需要继续学习、练习和提高，这样他们未来的音乐事业才有可能是光明的。可是，学校现在只会对这些年幼的演奏者们撒谎，只会让他们在参加学有所成的演奏者组成的管弦乐队的选拔时被残酷地淘汰，并直面自己一直被蒙在鼓里、一直在自欺欺人这一可怕的现实。

这是一个彻头彻尾的悲剧，因为只有当音乐教育的目标能够以充满智慧和深思熟虑的方式推进时，才有可能通过优美的协奏将学生推向更高的维度。我刚刚站上讲台时，对此一无所知，但幸运的是，我遇到了一个睿智的人——事实上是一个学生——他改变了我的生活，并帮助我改变了许多人的命运。下面，我将分享在音乐教育领域有效的教学步骤，希望这些想法可以用于你的课堂或学校。

步骤1：设定音乐教育的目标

无论你的学生是5岁的幼儿园小孩，还是高中的化学课学生，年龄段或所学的科目并不重要，在设计音乐教学之前，要确保教师和学生都清楚地了解为什么要花上数千个小时来追求天籁之声。下面是我们将音乐教学的目标融入到所有课程的教学安排和训练中的原因。

- **音乐能够令学生们意识到学无止境，永远不存在所谓的学完了**。即便一个学期结束了，或代表着校园生涯结束的毕业典礼谢幕了，我们依然还有无数的东西需要学习，学习的步伐永远不会停止。

- **音乐将让我们学会专注和聆听**。现在的教师都在抱怨学生不再像以前的孩子们那样，能够专心致志地学习。音乐能够铸造伟大的专注者，因为没有完全而持久的专注力，是不可能成为音乐家的。当前来观摩课堂的人，对第56号教室的阅读课程上学生们的表现感到惊奇，他们会惊讶地发问，学生们如何能够在长达两个小时的课程里从头到尾地专注于文本的阅读，而毫不分心？答案很简单，学生们之所以能够连续几个小时都专注于艰深文本的阅读，是因为他们都是音乐家。

- **音乐教会学生要有责任感**。作为音乐爱好者，我们有责任照顾好乐器。当排练开始时，我们需要准时并充分准备。在合奏时，每个人就像链条上的一环，如果没有调整好自己的乐器或者为合奏的同伴考虑，就无法成为一个好的音乐家。音乐在团队合作建设方面的作用甚至超越体育。

- **接受音乐训练，可以提升学生的听力敏锐度**。正如锻炼能够使肌肉变得更强壮那样，学生的耳朵在经过音乐的熏陶之后，可以更容易捕捉到之前被错过的声音。他们将学会自己调整乐器，并发出曾经超出能力范围的音调。更重要的是，随着听辨能力的提升，他们将在每一个科目的课堂上都成为更好的听众。大多数的学校和教师都希望学生能够认真听课，但仅仅是大声呼喊"听我说！"，除了会吓坏学生之外没有任何用处。学校里不会开设"如何听讲"的课程，但是在年幼的学生开始演奏音乐之后，关于听辨能力的训练就潜移默化地发生了，在他们自己没有意识到的情况下他们已经成为了更好的听众。

- **在学生犯错之后，音乐的训练能够教会他们如何去理解错误和修正错误。**学生们将意识到，犯错是成长过程中一个**不可避免**的自然过程。无数年轻的学生害怕犯错，并担心因为犯错而被人当成傻子或被嘲笑。音乐训练将引导他们以成熟的眼光看待错误，意识到错误或许是迈向卓越的第一步。

步骤2：如何开启音乐教育

如果你所在的学校开设了某种类型的音乐项目，无论你教授什么科目都要积极鼓励学生去参加。无论学校的合唱团或管弦乐队是平庸还是杰出，我们都要花时间去了解音乐教育的目标，以帮助并激励学生满怀激情地追求音乐的享受。鼓励每个学生都去玩音乐——这很有趣，而且能帮助他们成长为更好的人。学生将来是否会成为专业的音乐家或以此谋生并不重要。大多数喜欢踢足球或积极参与排球运动的孩子，也并没有打算成为职业的球员，但运动本身就足够有趣，并且有益身心健康。请让学生们明白，音乐也跟足球或排球一样，既可以陶冶情操，又可以强身健体，还能够改变人生和命运。

当然，如果你是像我一样的教育创新狂热分子，那么可以考虑创建自己的音乐课程。我在之前工作的小学里，组建了一个面向8—11岁学生的初级管弦乐队。但说实话，尽管教师很努力，整个乐队还是缺乏生机和活力，演奏出的音乐也很无趣。因为大多数学生都是为了逃避其他课程而选修了音乐课，因为其他课程只会更无聊。

要创建自己的音乐课程，教师自己首先要懂一点音乐。比如说，我弹过吉他（尽管水平相当糟糕），能够读谱，会弹一些古典吉他曲目和摇滚歌曲。在午餐休息时间，我会邀请有兴趣的学生跟我一起学习如何弹吉他。我购买了一些便宜的乐器（这是个错误的决策，但在随后的几年里得到了纠正），并花了一整年的时间与小学阶段的学生们一起练习。

我们的水平都挺糟糕的，在练习的过程中也出现过很多失误，但最终这些错误都得到了纠正，我将在下面的内容中详述这一点。尽管第一年的吉他学习音乐课程开展得跌跌撞撞，我还是取得了一些颇值得骄傲的成就，比如：学生们都学会了如何读五线谱，还学会了演奏几首古典乐曲。鉴于巴赫的很多曲目是写给大键琴（羽管键琴）的，所以也很适合拿来用古典吉他进行演奏。学生们还学会了演奏很多摇滚和流行歌曲，并且非常喜欢一起弹

一个好的音乐项目带来的益处将远远超出音乐本身

奏。他们玩得很开心，变得更加投入，并开始实现许多预期的教学目标。更重要的是，我们没有搞什么年末演奏会，因此学生们也没有表演的压力。整个过程，学生们只需要享受练习和创作音乐的快乐。一年过去了，这项音乐练习的活动并没有就此结束，这些小小音乐家们继续在我的课堂和其他科目的课堂上进行音乐创作。

如果你自己不会乐器，但想带着班上的学生一起学习，不妨从木笛或尤克里里入手。木笛相对便宜，也容易找到入门的书籍和曲谱，在这个过程中，大家不仅能够学会如何读谱，还能够学习作曲所需的各种拍子记号。同时，对拍号的持续关注和训练，将飞速提升学生的数学技能。

尤克里里琴既便宜又有趣，因为只有4根弦，所以弹奏起来也很简单和轻松，哪怕是只有五六岁的孩子也能够弹奏，因此很适合用来帮助学生开启探索音符和旋律的终生之旅。

当然，也会有专家们指出，如果条件允许，年幼的儿童开始学习音乐时最好学习小提琴或钢琴。这些研究结果当然是正确的，但鉴于很多教师自己都不会演奏小提琴或钢琴，也不具备相关的知识和资源来开设钢琴课或小提琴课，木笛或尤克里里琴或许是更好的入门乐器。当然，随着时间的推移，教师在条件允许的情况下，也可以选择更复杂或高级的乐器作为音乐教育的工具。

步骤3：克服通向卓越的最大障碍

错误能够帮助学生进步，这个道理同样适用于教师。在我刚刚开始尝试音乐教育的前几年里，我面临着一个巨大的障碍。好消息是，这个障碍最终反而强化了教学，使我的学生变得更加优秀。面对这个绕不开的障碍时，诸位教师也不必生气，因为这是所有诚实的教师不得不面对的残酷事实，即我们不可能在每一个学生身上取得成功。哪怕我们学校的走廊上挂着标语宣称"所有人都能够学有所成"，但我们都知道这是不可能的。

　　教育界的行政人员通常会命令教师们"不让任何一个孩子掉队"。这些目标当然值得钦佩，但真正从事教学的人都知道哪怕教师为每一个学生打开他们面前的知识大门，但并非所有的学生都会选择进入这扇门。

　　一年之后，很多学生想要加入我的音乐课程，甚至其他班上的孩子也想要加入，因为他们看到参与的同龄人玩得很开心，并且熟练地掌握了吉他演奏的技能，一切都听起来棒极了。然而，有一个严重的问题，让我学到了教育职业生涯中最宝贵的一课：**很多年轻的学生，渴望不劳而获**。当然，这里指的不是金钱。在这样一个凡事求快的快餐式社会里，太多年轻的学生没有意识到这样一个道理，所有的事情都是有代价的。如果他们想要成为一个音乐家，他们就必须付出时间去练习。这就意味着花在其他事情上的时间被削减，甚至被完全占用。如果一个孩子想要每天花几个小时的时间玩电脑游戏，或与朋友们分享照片和动态，这当然不是什么问题，但同时也就意味着他就没有时间去成为一个音乐家。在第56号教室刚开展音乐课程的头几年，我每一次都能够看出很多学生根本没有练习。教师总是能够一眼就看出来，学生有没有按照要求在课后花时间练习。

　　实话实说，我有很多学生练习得非常努力，但依然没有成为音乐大师，这也没什么大不了的。我还有一些接受了特殊教育的学生，他们在计时、计数方面存在困难，有时候根本无法精确地演奏。对他们而言，成为一个专业的演奏家不太可能。但这并不能成为不练习的借口！意识到这个问题之后，我邀请学生家长加入到整个音乐教育过程中。我会要求家长和孩子一起签署一份协议，并在协议中声明，如果孩子没有按照要求练习，我就有权终止他/她参与课程。当然，让学生离开乐队并不是一件令人愉悦的事情，我会允许他们下一年再来面试乐队。但是没有按照要求练习，显然意味着他们还没有做好言出必行的准备，因此他们没有资格占据音乐实验室里的席位。

这个方法能够实现两个目标：一个是它会让所有学生知道，自己的行为是有后果的，如果教师牺牲了休息时间教授额外的音乐课程，那么学生也应该做出同样的牺牲，以自主练习的方式接受来自教师慷慨赠予的礼物。另一个是，这能够保证课程质量的直线提升，因为所有留下来的学生必然能够认真地对待自己的任务，因为他们知道这是一个严肃学习的地方，而不是一个只为了玩乐和享受的场所。没错，音乐课的确充满了欢声笑语，但这并不意味着它就是一个不用认真学习的地方。

建立了这样严肃又活泼的课堂文化之后，每个人——包括刚加入的学生——都理解了这个原则。在此之后长达30年的时间里，学生没有按照要求训练的问题再也没有出现过。但我希望这个故事，能够给诸位提供一个警示，即我们应该明确地告诉学生不练习就意味着没有资格获得免费的教学指导，因为天下没有免费的午餐。

步骤4：发展壮大

发展这个词有着多重含义，但最适合用来描述一个想法的发展过程。发展既意味着教师的进步，邀请其他教师加入项目，帮助学生取得更大的进步，也意味着在保持最重要教学目标的情况下，助力学生的卓越发展。因为所有这些目标，是我们开展音乐教育的初衷。

最重要的是成长使人保持新鲜感。因为学习的过程永远不会结束，新的一年与上一年或下一年都不一样。每一年我们都会尝试新的梦想，看看它们会带来什么，这非常令人兴奋。

第56号教室的音乐教育的和谐发展始于一个杰出的学生，我在本书的前文已经提到过她，她现在是我们的音乐总监。我认识乔安娜时，她才10岁，但已经是难得一见的天才。小小年纪的她是一个音乐神童，是一个卓有成就的钢琴家和学者，能够像一个经验丰富的专业人士那样演奏。她拥有绝对音感，只需要听一遍就能在不看乐谱的情况下重现最复杂的乐曲。最重要的是，她是班里每个孩子的灵感和榜样。她才华横溢却又谦逊低调；哪怕面临在大量听众面前演奏的巨大压力，她依然能够享受演奏音乐的过程，丝毫不受身上背负的巨大期望的影响。她成为了我最好的老师。自从25年前与她相识以来，她给我的启示伴随着我完成每一天的教学工作。现在，她已经从世界著名的西北大学毕业，并获得了音乐博士学位，而且还开办了自己的音乐学校。下面是她教给我的一些宝贵经验。

- **要记住，你不是一个钢琴家或吉他手，你是一个音乐家，不要给自己设限。**学生可以演奏很多种乐器，我现在教的一些学生，甚至可以演奏5种以上的乐器。

- **不是所有的学生都能够演奏得很出色，这也是人之常情。**只要他们能够持续练习并与其他演奏者合作，就能够继续成长和提高。要教会学生将今天的自己与过去的自己比较，而不是用他人的成就来衡量自己的进步。

- **带一支有橡皮的铅笔来参加排练，这与携带乐器本身一样重要。**音乐的成长来自对所读乐谱的不断修改和注释，带上一支铅笔，并承担起随时修正的责任，这是一个不断成长的专业音乐家必备的素质。

- **好的教师要学会寻求他人的帮助。**我们可以邀请比自己更懂音乐的人来共同推进音乐项目的发展。这当然需要时间，但一定会给孩子们带来非凡的快乐和兴奋感。我们可以尝试每年引进一位新教师（以及新专长），以此添加音乐项目的乐器种类或音乐类型。当然，要充分利用团队的人脉来寻找合适的人选，不要盲目选择不熟悉的人。我曾经遇到一位非常优秀的鼓手教师，然后他给我介绍了一位出色的钢琴教师，而这位钢琴教师又给我引荐了一位超级棒的小号教师。

- **很多学校系统之外的专业音乐人士并不喜欢与学区或学校合作。**他们觉得学生不会练习，而且酬劳也没什么吸引力。但是，如果你能够创建一个杰出的音乐项目，很多知名的专业音乐人士也会愿意参与工作。大多数与我合作的音乐家都拒绝与学生一起合作，他们往往忙着自己的专辑，或与著名的歌手或乐队的合作，但依然愿意为第56号教室破例，是因为这里的学生都非常认真、勤奋、负责、讲礼貌。如果你能够建立类似的项目，那么吸引专业音乐人士的参与也不一定是难事。与专业音乐人士的合作还有一个额外的好处，那就是通过从他人那里获得帮助，教师以身作则地示范了学生们应该养成的行为，即不要害怕提问，也不要害怕承认自己的不足。这种示范必然能够潜移默化地督促学生发问和提升。总的来说，这就是一个双赢的合作。

- **乐器所有权将是促进学生成长的关键。**大多数学校的音乐项目选择将乐器借给学生，并在学年结束后收回。无论学生演奏的是廉价的木笛，还是昂贵的萨克斯，我们都可以将乐器送给那些勤恳练习、提升明显的学生作为奖励。当学生拥有了他们所选的表现情感的乐器，他们也就拥有了专业的行为和态度。无论是由家长或其他人赞助资金，或是自掏腰包，我们都应该尽可能把乐器送给学生，因为我们将会从中收获超越金钱的益处。

步骤5：充分利用现代化技术

如果你足够幸运，在一所已经开设了音乐课程的学校工作并计划建言献策，为项目的发展助力，那当然是一件好事。但如果你需要以一己之力开设这样的课程，或许在刚开始的时候需要孤军奋战，但你不必担心会孤独太久。技术已经颠覆了音乐教育的原有模式，当这种对技术的赞美来自我这样一个经常拒绝相信电脑、电话以及数字世界能够帮助解决问题的人时，你就应该选择相信。在教育行业，教师的艰苦工作、纪律约束和追求卓越的热情依然无可取代，但我们要清楚，如果使用得当，技术将成为我们通过音乐教育改变学生未来人生的巨大助力。在第56号教室，有两件事情已经变得非常高效，而且诸位也不需要学习或专门的指导，也能够使用第56号教室学生使用的技术。

第一件事是，现代设备使得孤身一人的练习者不再孤单。

你无疑已经遇到（或将要遇到）不按照规定练习的学生。这固然是我们不得不承认的一个残酷事实，但如前所述，这些学生将不得不面对个人行为的后果，即退出课程。但是，我们需要解决的一个更复杂的问题，是那些按照规定练习的学生，因为独自练习而养成了糟糕的习惯。比如可能节拍出错、音准不对等，他们可能存在千奇百怪的错误且不自知。危险之处在于，一旦学生有过一次这种错误的演奏，就可能会养成一种习惯，一直错下去。教师或许需要花费大量的时间，纠正学生因为无人监督和反馈而导致的下意识的错误。但是，幸运的是，得益于技术的发展，这样的时代已经成为过去时。

我们可以将正确的演奏录下来，在电脑或手机上播放。如果教师自己不具备这样的技能也无需担心，我们可以请专业的音乐教师帮忙录制，这对他们来说不过是一件随手完成的小事儿。录制好标准音频之后，当学生自主在家练习时，就相当于多了一个随身"教师"，在拿着乐曲对照音频练习时，学生就能够知道自己的音调或节拍正确与否。有了这样的指导，学生在课外练习的时间会变得更有效率。参观第56号教室课堂的人经常会发现，学生再次来到教室排练一首曲子时，他们的表现总是比上一次更好，这是因为他们能够跟着完美的演绎反复练习并修正自己的错误。

第二件事是，有各种音乐软件可供学生使用，尤其是节拍器和调音器，这两个东西都是学生在练习音乐的过程中时刻需要用到的。第56号教室的学生通常能够完美地把握节奏，这是因为他们在家里自主练习乐器演奏时，设置了与团队其他成员相同的时间和节拍。在调音器的帮助下，所有人都能够始终跟着正确的节拍练习。

现代技术还提供了另一种更棒的音乐应用，如果你以前没有了解过，那么初次使用或许会觉得很震撼。这个应用可以帮助我们在不改变音乐调性的情况下，调慢音频播放的速度。想象一下，年轻的小提琴学习者或钢琴学习者正在练习演奏一首高难度的乐曲，他知道所有的音符，但是技巧尚不够娴熟，无法按照原速完成演奏，在现代技术的辅助下，这都不是问题了！我们现在已经拥有了一些手机应用程序，可以帮助我们录制标准的音频，然后放慢到数百种不同的速度播放，且原声的曲调听起来不会失真或是奇怪，只是慢一些。有了这样的技术，学生就可以跟着慢速的音频练习如何正确地演奏曲子，并随着熟练程度的提升，逐渐加快演奏的速度。经过几天或者几周的反复练习，学生或许就可以全速演奏，并避免在这个过程中养成不好的演奏习惯或犯下技术错误。他可能每周只需要花一两个小时接受教师的指点，并在回家之后花上几个小时的时间自主练习，就好像教师就站在身边监督和纠正那样。这样的应用程序对鼓手来说尤为有用，因为鼓手可能需要花上几周的时间才能够确保手脚的协调和节奏的统一。一开始，他们可能只能缓慢但正确地练习，但他们呈现全速演奏的速度，或许比我们想象的更快！或许不经意之间，你的学生就能够像真正的摇滚明星那样激情演出了。

此外，这项技术对歌手来说也超级受用。我们的声乐教练，不仅可以利用这款软件为学生录制完美的演绎，还可以利用不同的音轨录制旋律以及和声。学生可以回家之后，在专业音乐家的伴唱之下练习自己的部分，然后还可以自己添加许多独立的和声——根据个人的喜好而定，数量没有上限——就好像所有的同学都在同一个房间里陪自己一起练习一样。当孩子们利用这些技术自行练习之后再回来排练时，他们看起来好像一起练习了几十个小时。而事实上，在某种程度上他们的确一起合练了许多个小时（当然，借助了现代化的技术）。

步骤6：任务完成

通过个人的激励，为其他教师提供支持或开展个人的音乐教育工作，我们就可以培养学生的技能，使他们终生受益。教学的美妙之处就在于，我们有无数的方法与学生建立联系。在本章中，我相信诸位已经掌握了抵达成功彼岸的路线图。正如任何一张地图那样，每位教师都可以有意识地选择自己感兴趣的路径，并进行探索和实践。但是，我恳请诸位不妨花点时间了解一下第56号教室已经探索出来的成功之路，即将寂静无声的课堂转变为以音乐为核心的教育模式。我们秉持的理念很简单，就是论证将音乐融合在生活中，到底会发生什么样的变化？

在巡回世界各地给不同的教师团体演讲时，我会播放一部精彩的影片，展示第56号教室在2018年莎士比亚戏剧节上的表演。这部影片既对孩子们的深刻见解进行了采访，也记录了莎士比亚戏剧和音乐的融合表演。

观众们都很喜欢这个影片，但我们依然忽视了一些至关重要的启示，因为在影片播放的同时我没办法向教师们指出比表演本身更重要的东西。现在，请允许我带领大家走到幕后，看看音乐如何改变了这些了不起的学生的生活和人生。

我们先花点时间了解一下学生们演出的地点。每年夏天，美国的俄勒冈州都会举办一个精彩纷呈的莎士比亚戏剧节，数以百万计的人会涌向这个小镇观看各种剧目——不仅有莎士比亚戏剧，还有来自世界不同地区、呈现不同时代的剧目。这是一个奇妙的文化发生碰撞的地方，往往发人深省。这里有最深刻的悲剧，也有最无脑的喜剧和最搞笑的戏剧。无论你喜欢什么类型的剧目，你总能在这里找到，并度过一段愉快的观剧时光。

在每一个夏夜，在戏剧登场之前，艺术节主办方都会邀请专业或民间的演出团体在剧目开始之前为观众提供一些娱乐节目。在这个时段和这个地点表演不是一件讨巧的事情，因为这里是户外而非剧场内部，观众是来看特定剧目，而不是欣赏这些热场节目的。此外，户外的表演场地也意味着到处都是喧器的街道和行人产生的噪音。更糟糕的是，很多前来观看演出的人几乎不会关注开演前这些热场的节目。

但就是在这样一个晚上，在这样一个极具挑战性的场地和时段，第56号教室的学生们上演了一场令路人流连驻足的精彩演出。哪怕已经过去了几年，当时在场观看了演出的人依然给我写信，表达对所目睹的一切的敬畏之情。

视频分享①

在你观看时，不妨想象一下走在路上时，不经意间看到这样的演出，会是一种什么样的心情。在这一场演出里，所有的教学目标，都融合在一个辉煌的音乐之夜和改变生活的乐趣之中。

小小音乐家们演奏着不同的乐器

0:25

此刻，请注意阿娜希正在演奏一个巨大的男中音萨克斯管。这个乐器看起

---

① 霍巴特莎士比亚剧团《亨利五世》的演出视频，你可搜索 "The Hobart Shakespeareans Shakespeare's Henry V July 2018" 这一串关键词查找。

来比她还庞大，她真是了不起。但在影片的后半段，你能够看到她正在翩翩起舞（0:55），还有一段时间在舞台的一角，为一首歌曲弹奏吉他伴奏（14:40）。

阿娜希目前就读于世界上最好的大学之一——加州大学伯克利分校。需要注意的是，她的专业不是音乐，也没有计划在未来从事音乐相关的职业。但她从音乐中学到的东西，让她得以进入万里挑一的好大学。自律、勤奋努力和不断追求进步，这些从音乐教育中学到的品质使她成功地应对了许多其他人可能陷入的陷阱和失望，将她的人生推向了新的可能和高度。

音乐教会谦逊的品质

2:37

我们现在看到的，是奥斯卡正在用萨克斯演奏一段高难度的爵士乐独奏。他以前从未登上过这个舞台，但你们或许已经看到，他的演奏十分华丽，散发着专业演奏者独有的大气和镇静。他不需要刻意地展示或打手势来吸引听众的注意，仅仅是演奏本身，就足以令嘈杂的人群安静下来，静心聆听。这么卓越的表现值得观众的尊重和关注，但在演奏结束之后，他并没有贪恋观众的掌声，而是悄悄地走到一旁，让另一位乐手可以吹起小号独奏。

奥斯卡学习的专业是数学，同时也是一名出色的运动员。但他在音乐教育中培养的技能，一直跟随他到数学课堂和棒球场上。他赢得了同龄人和工作人员的钦佩，杰出的音乐表现力当然是最主要的原因，但他谦逊的态度也是明显的加分项。

演奏音乐让学生学会尊重他人

5:07

安琪显然是一位极为出色的歌手——也是我从教40年来教过的最出色的歌

手。此刻，她登台演唱了一首难度极高的阿卡贝拉歌曲（纯人声清唱），更难得的是，她是在户外的舞台面对一大群听众而唱。诸位是不是注意到现场惊人的安静，听众们的尊重和礼貌确实令人钦佩。但更重要的是，观众们在不知不觉中受到了学生们的引导，学会了尊重他人。

虽然台下有30多个学生，但是他们一言不发，保持了完全的安静，以示对歌者的尊重。你们再看看安琪身后的钢琴家，他事实上是一个很有天赋且音乐造诣很高的演奏家，但因为这并不是他表现的时刻，哪怕老师没有要求他保持安静或静止，他也没有发出任何声音。现场没有控场的老师，但学习过第56号教室的音乐课程的孩子们已经学会了彼此尊重和礼貌，并将其内化为个人的美好品质。

7:17

所有这些礼貌的行为已经成为了一种习惯，并不是为了惊艳观众而做出来的某种刻意展示。这就是第56号教室里日常发生的事情。安琪刚刚完成了一段华丽的小提琴独奏，并准备开始唱歌。3个将与她一起和声的同学站在她的身后安静地等候。在她准备开口时，奥斯卡给她递过来麦克风。仔细地观察，诸位或许会发现，在独奏小提琴和清唱的巨大压力之下，安琪在拿到麦克风的瞬间，还是说了一声"谢谢"。

顺带值得一提的是，还是新生的安琪已经被邀请加入哈佛大学的阿卡贝拉合唱团，这是一个享誉全球的合唱团。更重要的是，安琪的专业并不是音乐而是物理学。但如果你问安琪，她就会告诉你是音乐帮她打开了所有的大门。

另外，两位年轻的女士也加入了这首歌的合唱，虽然她们看起来像是"背景表演者"，但实际情况并非如此。其中一位叫作尤尼萨，会演奏3种乐器，现在已经获得了常春藤联盟的达特茅斯学院的全额奖学金。另一位歌手乔伊斯，会演奏7种乐器，并且是一名全美排名靠前的乒乓球运动员。她当前就读于加州大学圣地亚哥分校的生物专业并获得了美国常春藤大学的奖学金。显然，这两个女孩都有很多值得炫耀的地方，但她们并没有这样做。音乐训练让她们学会了为大局牺牲自己的表现，贡献自己的力量。

音乐能够训练出敏锐的耳朵

8:08

《亨利五世》中有一个著名的场景，由于英国对法国的入侵，法国公主凯瑟琳试图向她的女仆学习英语。13岁的凯伦与安琪一起在舞台上，全程用法语完成了这一幕的表演，但就在短短一年前，她们俩都不会说法语，也没有上过法语课。她们的法语都是自学的，但她们的表演中，最令人吃惊的是他们的法语口音。观众席上有一些法国游客，在这次演出后他们走到我面前，对小演员们表现出来的法语熟练程度感到兴奋和吃惊。

但这些孩子都接受过音乐的训练，这些训练使得他们拥有敏锐的耳朵，能够快速地掌握语言的发音。仅仅是每天几个小时的音乐训练，就增强了他们聆听语言以及音乐的能力。

最后，这段影片中的每一个学生都书写了自己人生独特的故事，他们都已被杰出的大学录取，或正在朝着著名的高等学府迈进。这些孩子都是独立的个体，有着广泛的个性和兴趣，他们有的害羞，有的外向；他们是艺术家、运动员、生物学家、数学家、诗人、建筑师。尽管他们有着种种不同，但他们有3个共同点：学业优异；快乐；玩音乐。柏拉图是正确的，音乐的确是所有学习的基础。

旅　行

> 在不经意的转角处，可能就有一条新的道路，或一个秘密的大门在等待。
>
> ——J.R.R. 托尔金

> 20年后，你会因那些没有做的事情而后悔，而不是那些做过的事情。所以，不妨抛开缆绳，调转船头，驶离安全的港湾，扬起远航的风帆，去探索、梦想和发现。
>
> ——马克·吐温

作为一个经验丰富的见证者，我很高兴能够解释、教导，并希望能够激励教师和学校，将旅行视为可以改变学生命运的力量。实际上，学校早已意识到这一点。在很多学校创办伊始，集体旅行的做法就已经存在。学校为学生安排了为期半天的博物馆参观之旅或音乐会的远足，学生们可以在动物园度过一天，从短途的冒险到前往其他国家的激动人心的旅行，学校一直都在为学生安排旅行教育。

那么，我为什么还要再次强调旅行的意义呢？因为，虽然每年都有成千上万的教师、家长和行政人员，耗费大量的人力物力，试图向孩子们展示"窗外的世界"，但是绝大多数的这些外出活动没有起到任何效果（如果我表述的方式太过直接或尖锐，那么我先说一声抱歉）。当然，孩子们玩得很开心，也拍了很多照片来发朋友圈，但他们的人生是否因为这些旅行而得到了改变？不太可能，这就是问题所在。但是对于愿意承认当前的研学旅行很失败的勇敢的教师来说，这个问题是可以解决的。

我不是英雄，当然也不是天才，但我确实有带学生旅行的丰富经验。下文将详述的大多数错误，并不是简单地观察别人的缺点，而是我个人的失误。

幸运的是，从很多次课堂外的冒险活动中，我的确学到了很多有用的经验和教训，我很荣幸地安排并带领学生在附近乃至全世界进行旅行。就像阅读和音乐一样，为学生精心设计的旅行同样可以改变他们的人生和命运。但在体验旅行的教育效果之前，勇敢而诚实的教师需要带着批判性的看一下，为什么现在大部分的研学旅行没有实现教育的目的。

缺陷1：出游人选的选择

结束在国外的演讲活动返回美国时，几乎总是有一群高中生跟我一起坐飞机去美国旅行。但这些学生大多数时候的行为都令我感到讨厌。他们在飞机上十分吵闹，总是没有做好出行的准备，也不知道如何在飞机上找到座位，对空乘人员十分无礼。在飞机落地时，他们总是第一时间冲上过道，把其他人——甚至是老人——推开，以便第一时间下飞机。在海关排队安检时，这些学生也不知道应该做什么，要么就是忙着看手机，完全没有注意到辛勤工作的机场人员正在欢迎他们来到美国。

我不止一次地与这样的学生交谈，问他们如何获得去美国旅游的资格，但事实上，我其实不需要问这个问题，因为答案总是同一个：他们的父母支付了美国之旅的费用。这就是参加美国旅行的筛选条件：只要负担得起就可以参加。

同样的情况发生在世界各地。但事实上，我们需要更关注以及更多地思考，在确定集体旅行的人选时，谁可以参与决策。

但可悲的是，学校通常认为这些旅行属于集体活动，每个人都应该参加。如果2年级的学生要去动物园，所有的孩子都要坐上开往动物园的巴士。如果要去艺术博物馆参观，那么所有学生都要准时出现。这种做法也可以理解，因为学校可能没有足够的师资，去管理那些应该被留下的未获得旅行资格的学生。此外，学校的管理人员也不希望承受愤怒的家长冲进办公室质问他们家"可爱的小天使"为什么没有被邀请参加旅行的压力。因此，即便身为敬业的教师，我们知道不是所有的学生都有资格参加课外的旅行，但我们也对此无能为力。我们没办法解决这个问题背后的根深蒂固的障碍，这意味着我们需要与上级、其他教师和家长据理力争，但所有这些，最终可能只会带来更多麻烦，而不是任何的改变或进展。当然，在本章的结尾处我提供了一个激进的解决方案，这也是第56号教室能够开展真正可以改变命运的非凡旅行的根本原因。但现在，让我们先耐心地往下看。

公平地说，的确有一部分学校正在努力试图解决这个问题。一些学校要求成绩好才能参加旅行。这是一个好的开端，但仔细想想，好成绩只意味着学生在考试或课堂作业中表现良好。数学成绩的好坏与学生在巴士上的良好行为、对导游的礼貌表现和尊重以及对努力工作使研学旅行成为可能的人表示适当感谢的能力，没有任何关系。

有一次，一位年轻的教师冲我发火，而故事的前因后果实际上很搞笑。几年前，这位小学教师联系我征求意见。他刚刚接手了5年级的学生，并计划带学生去华盛顿特区旅行，这是美国学生旅行的一个热门目的地。他读过我的书，想请教我关于一些规划的看法。整个电话交谈充满了热情、自信和活力，开始时很顺利，但很快就出现了下面的问题……

该教师："我太激动了，没想到您听到了留言就给我回了电话，您是我的英雄！"

我："感谢你的赞美，我能帮什么忙呢？"

该教师："我打算带学生去华盛顿特区，我知道您经常带学生去那里，我想您可以提供一些建议。"

我："当然可以！你教书多少年了？"

该教师："今年是第二年。"

我："哇，好样的。你要带多少学生去？"

该教师："150人。"

我："不好意思，多少人？"

该教师："150人。"

我："我可以问一下，你是怎么得出这个数字的吗？"

该教师："我们学校5年级的学生有150名。"

我："他们都要去吗？怎么会所有的学生都有资格参加这次旅行？"

该教师："因为他们都是5年级的学生。"

我："是的，我明白，但是他们做了什么赢得这样一个了不起的机会？"

该教师："他们正在筹集出行的资金，一家地方的报纸正在做关于这次旅行的报道。"

我："我不是这个意思，我问的是，他们做了什么样的出行准备？"

该教师："他们在筹集出行资金。"

我："是的，我明白。但是他们会提前学习要参观地区的历史吗？他们知道如何打包行李箱吗？你们讨论过在酒店应该如何表现和行动吗？他们知道怎么在餐馆里点菜吗？他们知道如何通过机场安检吗？在出门之前，他们需要了解很多很多事情啊。"

该老师：（沉默）

我："你还在听吗？"

该教师：（沉默）

我："喂？"

该教师：(非常暴躁地说）"我晚点再打电话跟您讨论。"（挂断电话）

你们可能已经猜到了，他再也没有给我打电话或写信。我并不是想侮辱他，但很明显，拥有激情和让自己在报纸上扬名并不是可以通过旅行改变学生们生活和命运的驱动因素。我们可以做得更好，但这并不容易，因为这是一项大工程。但请诸位相信我，所有付出的时间和精力都是值得的。选择合适的学生去旅行这个问题是可以解决的。但在向你提出建议之前，让我们研究一下，导致这么多集体旅行变成纯粹的浪费时间的一个更严重的原因——请原谅我的尖锐批判。

缺陷2：是否所有人都准备就绪

几年前，第56号教室的学生曾经把一个导游弄哭了，但并不是崩溃和愤怒的哭泣。当时我们正在参观美国东北部的城市，包括纽约和波士顿。波士顿附近有一个被称为康科德的小镇，这个小镇历史悠久，是每个在美国出生的孩子都应该朝圣，也是每个从其他国家来到美国的学生都会到访的地方，因为这里是反对英国的独立战争开始的地方。而且巧合的是，这里是美国一些最著名的作家的故乡，包括拉尔夫·沃尔多·爱默生（Ralph Waldo Emerson）、纳撒尼尔·霍桑（Nathaniel Hawthorne）、亨利·戴维·梭罗（Henry David Thoreau）和路易莎·梅·奥尔科特（Louisa May Alcott）。正是这最后一位作家，让我的学生们在短短10分钟内，就将导游感动得泣不成声。

在康科德有一座"果园屋"，这是路易莎·梅·奥尔科特成长的迷人家园。她的父亲是一位废奴主义者，而路易莎·梅长大后写出了最受喜爱的美国经典作品之一《小妇人》。它记录了路易莎和她的三个姐妹的生活和时代，包括欢乐振奋和悲不自胜的时刻。这是一部杰作，但它篇幅很长，而且今天大多数美国儿童都没有读过这本书，也许他们看过这部小说的诸多电影版本中的某一个，但我们都知道，看电影和阅读原著并不是一回事。

如果你读过《小妇人》，那么去"果园屋"的旅行就会成为一段神奇之旅。每一个房间，每一件家具，以及从几十扇窗户看出去的景色，都会点燃关于这本书的记忆，所有充分准备的游客可能会兴奋得屏住呼吸。但是在进入第一个房间后不久，我们的导游就开始眼含热泪，随之开始啜泣。我们都惊慌失措，不知道到底发生了什么事。

她平复心情后对我们解释说，她在这里做导游已经好几年了，每年都要带很多游客参观"果园屋"。每年都有成千上万的学生，跟着她一起走过这座充满记忆的宫殿，然而，第56号教室的学生显然是每个在场的人都读过、

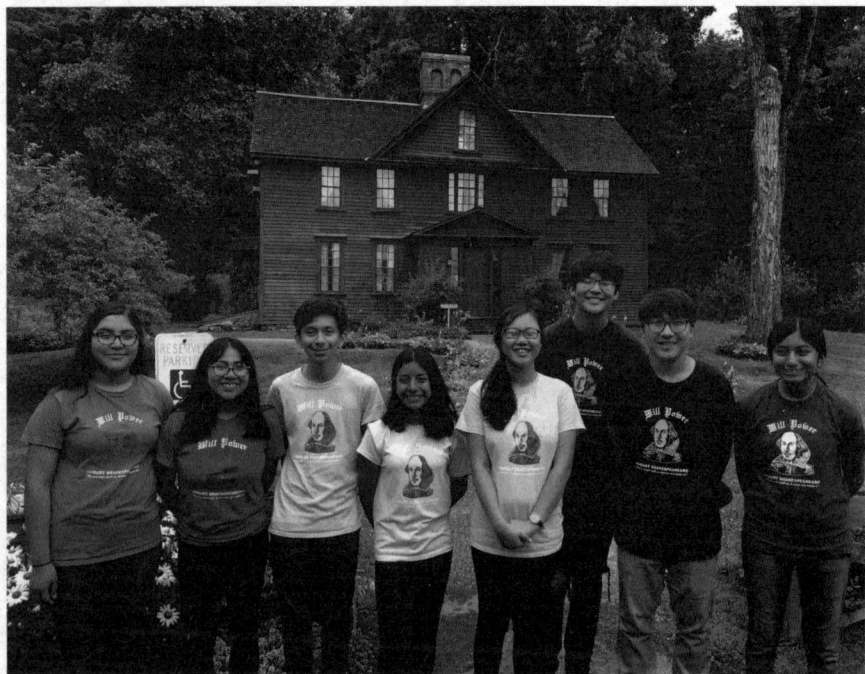

第56号教室的部分学生在"果园屋"前面留影

理解并喜爱这部小说的学生群体。她提到，在许多情况下，教师只会在想要休息的时候打发学生去参观一下"果园屋"。

她很惊讶，喜悦之情溢于言表；而我则很沮丧，这就是这么多研学旅行的悲剧所在。教师应该让学生把哈姆雷特的建议记在心里：充分的准备就是一切。尽管在大多数情况下，即使是最简单的学校旅行，教师和学生也没有做好充分准备，例外的情况仍属罕见，我们身为教师必须诚实地承认这个错误。在许多学校，出行前的准备就是父母提供的一张承诺书，允许他们的孩子去参观博物馆或教育场所。学校的确很繁忙，要管理很多事务。因此，大多数学校认为如果学生能去动物园吃个午餐，没有缺胳膊断腿地回到学校，那么研学旅行就可以被认为是成功的。

但事实上，这是一个巨大良机的错失。如果你是一个想要改变学生命运的教师，仅仅确保孩子们在出行时老老实实地排队或在博物馆里不要大声喧哗，是不够的。在带学生们出行之前，我们需要做无数的准备，考虑无数的事情。无论是要在海滩上度过一个悠闲的下午，还是要去往另外一个国家进行为期一个月的旅行，教育的机会都是均等的，我们都可以利用这些机会，启发、激励和教导学生收获一些宝贵的经验。充分利用好研学旅行，将其作为生活教育的工具，能够帮助孩子们申请到好的大学，并在大学里茁壮成长，塑造良好的价值观。所有这一切，都是我们无法在课堂教学中实现的。

在给大家提供建议之前，我还想分享一个小故事。就在我撰写本章内容的时候，我以前的一个学生给我打了电话，我们聊了整整两个小时。她是一位出色的女士，现在40多岁，有两个出色的孩子和一个充满了爱与奉献精神的丈夫。她非常认真地问我，可否带着她们全家人一起去旅行。莉斯自己已经走遍了全世界，但是她告诉我，她自己的旅程都不如小时候跟着班上同学，在我的带领下旅行时的收获那么大。许多以前的学生，在长大成人之后都提出了类似的请求，这也说明我规划的旅行的确是有价值和意义的。为了确保你和学生的研学旅行也能够取得同样的效果，在出发之前，不妨先考虑下面列出的诸多事项，做好万全的准备。

步骤1：确定目标

第56号教室的旅行永远都会始于一个为什么。带领学生去旅行之前，教师需要认真和深思熟虑地研究通过专业规划的旅行可以实现哪些目标。无论哪个年龄段的学生，无论外出的时间长短，所有研学旅行的教育目的，都应该是一样的。

- **在出发之前，学生们必须牢记三件事：第一是安全；第二是安全；第三还是安全。**如果学生的安全无法保障，就没有外出旅行的必要。

- **哪怕是规模很小的外出活动，师生们也需要花上数个小时事先准备。**学生不仅要事先了解他们即将要去的地方，还要掌握在旅行中需要用到的生活技能。

- **在离开学校之前，学生们必须知道即将访问地点的所有情况。**包括目的地的历史、在一个城市或国家中的位置，以及这些地方与自身的生活有何关联。

- **目的地本身是次要的。**真正重要的是学生们为这次旅行而学会的生活技能，是否能够在以后的生活里继续应用。

- **为他人着想是一种必要的心态，在获得出行的资格之前，学生们必须内化这种态度。**首先，学生要有自控力，能够控制自己的音量。每一次都必须要教师提醒或警告才记得保持安静是不够的，学生必须学会在各种场合中如何通过保持安静表现出对他人的礼貌和尊重，包括但不限于在路上、博物馆、酒店、餐馆、历史遗址和教堂等安静及需要心怀敬意的场所。如果参观的是学校，那么就要教导学生在图书馆、礼堂和课堂上的各种时刻也同样需要保持安静。通过在校园里展示对自控和体贴的掌握，一个年轻的学生事实上已经展示了为将来的人生做好准备的能力。不要相信吵闹和不体贴的孩子在离开校园旅行的路上能够自动变得为他人着想，且转变不可能一夜之间发生。对我而言，为他人着想必须是参加任何集体旅行的入场券。

- **在出行之前，学生还必须学会另一项重要技能——提问。**许多孩子害怕提问，这是可以理解的。在他们过去的经历中，因为提问而被同龄人嘲笑，或因为询问教师听不懂的地方，教师变得愤怒或居高临下，他们开始养成了对提问的畏惧心理。通过创造一个鼓励和奖励提问的课堂，教师正在指导年幼的学生为课堂外的世界做好准备。学生如果能轻松地询问，而不担心受到影响，就能够自如地向讲解员询问展品、向陌生人问路、向酒店员工寻求技术支持，或向火车站售票员询问时间表。孩子们需要学习的是提出问题并不意味着无知，而是显示了其自信和成熟。

- **学生们还要学习如何写言辞周到而精心准备的感谢信，向所有使他们的旅行成为可能的人表达谢意。**

- **大部分的实际学习是在研学旅行开始之前就完成了。**旅程本身实际上是一个测试——可以说是期末考试，评估学生对他们努力学习的生活技能的掌握程度。

步骤2：要有远见地筛选出行人员

哪些学生应该有资格参加旅行，事实上是学校应该解决的最关键问题。然而，如前所述，很少有学校进行了严格的筛选。如果你曾负责过带队旅行并已经见识过学生做出的诸多不恰当行为，你或许想问："到底为什么那样的孩子，也能够参加研学旅行？"我找到了两个可行的解决方案，可以有效地提高你选中的有资格参加外出旅行的学生人数或比例。但在此之前，我想给大家列举两个反面教材，它们体现的教学错误简直恶劣到超乎想象，希望这能够激励我们所有人做得更好。

几年前，我带着第56号教室的孩子们一起观看了一部纪录片，讲述一个美国的合唱团前往中国表演。这个合唱团获得了大量的赞助，出行资金十分充裕，并且带队的教师也十分热情。但是，影片中的两个场景令我的学生们捧腹大笑，嘲讽不已。

第一个场景发生在出行前的"准备阶段"，教师告诉学生们要"表现良好"，并要求他们永远都要表现出友好的行为。班上的学生当时就很激动地驳斥了这种说法："什么叫作表现良好？这是不对的！"学生们哀号着，"我们的行为本身就应该是好的，而不是表演出来。"这些学生被选中去参加中国之行，仅仅是因为他们唱得好，但事实上，学生获得校外旅行的标准，应该是他们优秀的为人。

在第二个场景中，旅行团的负责人自豪地分享了这样一个事实，即到了晚上他们会往孩子们住的酒店房间的门上贴胶带。如果你不知道他们为什么这么做，可能反而是一件好事。在这里需要说明一下，到了晚上带队监护人在每个学生的房间门缝上贴上一块胶带，这样一来，如果有哪个学生在应该睡觉的时候溜出去胡闹，就会被发现。因为破损的胶带在第二天早上就会成为他们偷溜出房间的证据。

当然，要直面惨淡的现实总是令人痛苦，但我们需要承认如果有学生失控到这个程度，完全不值得信任，并极有可能在半夜私自离开去胡闹，那么或许他们根本不应该参加学校组织的研学旅行。更重要的是，有资格参加研学旅行的年轻学生，在出行之前必须认识到他们不应该在无人监管的夜间私自外出，理由有很多。首先，这是一种危险的行为，就像没有得到父母的允许，他们不能在半夜离开家那样，在和老师及同学们出行时，他们也不应该在没有获得同意的情况下私自外出；其次，这是对酒店里正在睡觉的其他人的不尊重，因为这可能打扰到其他人的睡眠；最后，人在旅途时确保充足的睡眠十分重要，缺乏良好的睡眠，第二天的行程可能就会受到影响。如果学生无法认同这些观点，那么学校和老师也应该尊重他们的意愿，但最好允许他们在自己的闲暇时间出行，而不是参加学校组织的集体旅行。如果敬业的教师已经牺牲了自己的时间和精力策划这些能够让大多数学生感到激动和兴奋的旅程，那么学生就必须在出行之前证明自己是有担当和体贴的公民，以赢得参加旅行的机会。如果他们不是，那么他们最好待在学校，老师会记得给他们寄去来自各地的旅游明信片。

当然，跨国旅行不太常见。很多时候，全校会组织学生在博物馆、戏剧节、音乐会或公园度过半天或一天的时间，这时候你需要负责带领和管理自己班级的学生，在这种情况下教师不可能筛选出行的学生，但仍可以与学生一起在出行之前制订出游的计划，确保旅行与生活技能相关，而不仅仅是让学生随意地跑来跑去，到处拍照。要做到这件事并不容易，尤其是在其他的班级没有对学生提出任何要求，或其他班级的孩子表现得很糟糕的时候。当研学旅行被重新定义为一个帮助学生练习生活技能的宝贵机会时，带着年轻的学生一起在课外放松的时光就会变得更有意义，也更高尚。

在执教的早些年，我也曾犯下这本书中列举的诸多错误，带着班上大部分的学生去国家公园和历史名城，尽管我谨慎而努力地进行了筛选，依然还是带了很多不值得参与旅行的学生一起去。虽然学生不良行为发生的频率较低，也从未发生过很严重的旅行事故，但对于许多孩子来说，这些集体旅行不过是正常生活里的常规放松，从大峡谷或纽约市旅行回来之后，他们的人生并没有发生任何变化。

但是我的一个想法，彻底地改变了我对学生的工作方法和态度，并且取得了更好的教育效果。

下面，请诸位放松心态，准备好接受我提出的这个激进的解决方案，希望它能够为诸位提供一些灵感，适用于诸位具体的教学环境。虽然这个方案略显激进，但得益于我即将分享的这个疯狂但有效的方法，我上述的错误做法已经成为过去式。你是否准备好带领学生，一起规划一场改变人生的旅程？下面就是我在第56号教室的做法。

在第56号教室，感兴趣的学生可以在每天放学后或周六休息时间继续跟着我学习，作为传统课程的补充和丰富。这些学习过程也成为了研学旅行人选的筛选过程，我并没有强制要求学生的参与，很多学生后来也选择了其他的课后活动或其他的学习方向。我很高兴他们找到了自己感兴趣的其他道路，并与他们友好地告别。

通过提供课后服务，教师能够对自愿参加课程的学生应该完成的任务和建立的价值观拥有更大的控制权。社会上有很大一部分人不认为年幼的孩子在酒店里大喊大叫、盯着手机头也不抬、觉得自己就是全宇宙的中心是很严重的问题。毕竟，总有人会说："他还是个孩子啊，随他去吧。"

我无法认同这些人的观点，但也不会与他们争论，这是因为各种各样的行为都有其适合的时间和地点。而旅行则为学生们提供了一个机会，让他们学会在何时何地应该吵闹或安静，何时何地应搞笑或严肃，何时何地应专注于展品的内容或抬头欣赏天边的浮云。一个好的教师，应该成为引导者，引导学生去发现路上的不同风景，使他们有机会成长为成功、自信和快乐的人。

这里需要提醒的是，所有这些高质量的强化项目适用于所有类型的学生，而不仅仅面向那些有天赋的学生。在第56号教室，我们既有优秀的学生，也有存在学习障碍的学生，有些青少年如天使般可爱，有些则存在严重的行为问题。然而，所有这些学生都将一视同人地接受到本书提倡的正直、独立、正派和成长的价值观及标准的教育。当学生们，或者部分的学生能够将这些重要的品质内化为个人的行为准则时，他们就做好了集体出游，并将所学生活技能付诸实践的准备。

不妨将集体出游看成是一场测试。小学生在课堂上学习了大量的学科知识，且教师认为学生已经掌握了某一学科的特定内容之后就会进行一次测试，评估孩子们对材料的理解程度。如果学生们表现良好，就可以继续进行更高阶的教学内容，如果考试表明他们尚缺乏理解，那么教师可能需要在继续学习新内容之前，复习和巩固已经讲过的东西。

同理，学校组织的研学旅行也应该具备这样的功能。旅行的目的地或许是博物馆或公园，但本质来说，这些地方依然是像教室那样进行教育的地方。因此，**最好也能将研学旅行视为一次测试，但评估的内容变成了学生们对生活技能的掌握**。教师需要判断学生是否已经掌握了能够让他们的生活变得更好的必备技能。在旅行中，这些技能远比背诵乘法表或背诵重大历史事件的日期更重要。如果我们为远足做了认真且有针对性的准备，那么旅行可能在孩子们的心中就有了完全不同的意义。它不再是一种简单的从教室的日常学习中解脱出来的方式，而是一个让他们在现实世界中出色地发挥作用的机会。我相信这就是学校组织的研学旅行最重要的意义，没有之一。下面，让我们来看看第56号教室的学生在走出校门、出发旅行之前要学习些什么。

步骤3：做好万全的准备

万全的准备，就是一切！这也是我们最后的注意事项。在哈姆雷特说出这句标志性的口号时，他正在无意识地走进一个陷阱，这个陷阱即将导致他的死亡，并结束他悲剧的一生。莎士比亚的智慧一直在指引着我的教学工作，而这句话带给了我最深远的影响。

的确，准备工作就是一切。无论是在我们备课、与家长交谈，还是规划更重要的出行时，准备工作都是最重要的。当奥维尔和威尔伯（怀特兄弟）还是孩子的时候，了不起的母亲苏珊·莱特（Susan Wright）就给他们上了一课：准备工作很重要。当时，孩子们想要造一个雪橇，但她要求孩子们先画出设计图，再去准备好工具和木材。她解释说，如果孩子们能够设计出正确的雪橇，那么他们才有可能真正做出来。

我个人认为，在执行"做好万全准备"的步骤时应该考虑3个重要因素。

要素1：教师个人的准备

第一个重要因素是教师个人的准备。如果你愿意在带领学生外出旅行时多付出一点时间和心血，那么可以参考我在向学生们宣布旅行机会之前，重点要完成的一些准备工作，清单如下。

• **所有陪同学生出行的相关工作人员必须认真负责，要确保没有任何一个人"是来凑热闹的"。**所有参与人员都必须跟我一样关心学生的生活技能和安全教育。他们将与学生一起参加所有的指导课程。我们每次出行一定会有一位注册护士随行。尽管在过去近40年里，我们从未碰到任何需要护士紧急救助的情况，因为学生们总是准备得非常充分，没有发生任何事故，但我们总是配备一位护士随行，哪怕我们的集体外出只是去电影院看一场电影。除了出于安全和健康等显而易见的原因，此举也能够向家长和学生表明，我们将学生的安全和福祉视为最重要的事情。

• **从学生由我负责的那一天起，我就给所有人都购买了医疗保险。**需要再次强调的是，尽管我们从未发生过需要赔付的医疗事故，但没有购买保险的旅行是愚蠢的，教师必须要保护好学生和自己的健康。

- **我从不带学生前往我自己本人没有去过的地方，这个准备或许听起来有点极端。**即使我们前往外国旅行，我也会在带着孩子们去之前自己亲自走遍每一条街道，看过每一个展品。学生总是笑话我，说我知道每个饮水机和卫生间的位置。他们虽然带着开玩笑的语气，但也真诚地表达了惊讶和感激，这些准备工作让他们感到舒适和放松，因为他们的老师知道自己在做什么。所有这些准备与教师或学生是否聪明无关，旅行是否成功，大多数时候取决于准备工作是否到位。我们集体出行的每一天都能够像时钟一般精准地按照计划进行，因为带领队伍的人事前已经经过了无数次的"彩排"。

要素2：一日游需要做的准备

在第56号教室，旅行目的地本身是旅行经历中最不重要的因素，这也颇具讽刺意味。下面这个清单将说明我在带着班上的小学生出门前往艺术博物馆参观之前他们应该知道的东西。当然，这份清单并不是一成不变的，仅提供给诸位作为一个灵感素材来参考，希望大家可以根据实际需求考虑、调整和补充，列出更适合自己学生的研学旅行。

- **学生必须学会为他人着想。**在这项技能中，最重要的是控制自己音量的能力。有时沉默和尊重是必要的。在学生准备好进入现实社会之前，我们先在校园里头练习调控音量。学生要理解，在某些时间和地点他们必须表现出自我控制能力。在校园里，我们在图书馆、礼堂、办公室，以及在教室的特定时刻，都要保持安静。只有当学生理解了这一重要的礼貌问题，他们才能为出行做好准备。教师们不要奢望在离开校园之后，不守规矩的学生会神奇地表现出适当的礼仪。在为学生准备出游时，对他人的考虑高于所有其他事项。

- **学生要学会集合点的概念。**当学生进入一个博物馆后，他们有时候会不自觉地立刻停住脚步。但是孩子们（也包括成年人）忘记了其他人也正在排队进入。第56号教室的孩子们在进入一个大型建筑后，会立即找到一个远离入口的区域，在那里等到所有人都集合之后再开始游览，而不会不顾他人的感受。这项技能将适用于各种人员密集的公共区域。

- **学生在街上或在公共走廊上行走时，要练习和学会为其他人让路。**我不要求他们所有人并排走或者走成直线，但他们必须意识到所有人都有权利前往自己的目的地，且在这个过程中不应该受到一群无组织和无礼的孩子阻挠。让路的行为将显示出对他人的礼貌和尊重。

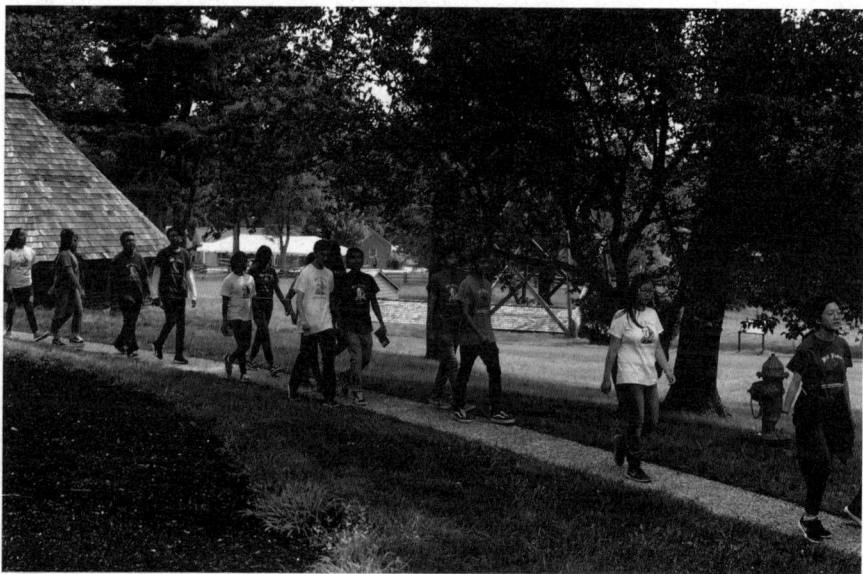

时刻保持对他人的尊重——安静地在路上行走
（拍摄地点是纽约市萨格莫尔山西奥多·罗斯福总统的家）

- **确保每个学生都能拿到一张博物馆的地图，并进行研究。**每个孩子都知道我们将参观哪些展厅，以及我们要观看的特定展览品。

- **让学生知道博物馆在这个城市的位置。** 他们被告知，这可能是他们的第一次旅行，但肯定不是最后一次。孩子们将学习如何使用公共交通工具到达参观地，这将鼓励他们在离开校园后，也自己将参观令人振奋的展览变成一个长期的习惯，成为生活的一部分。

- **带学生学习参观艺术殿堂的规则，以及了解为什么会有这样的规定。** 第56号教室的学生，从不在参观的时候嚼口香糖或带食物和饮料到画廊。他们不会拿出手机，不会触摸艺术作品，也不会大声说话。他们完全了解和尊重其他参观者，并对他们遇到的每一个人，从前门的警卫到盥洗室的清洁工作人员，都表现出完全的周到和礼貌。如果在学生进入建筑物时，教师还要重申博物馆里的行为规范，那么你就错失了在一个经常缺乏这些关键技能的世界里教孩子们正确和有礼貌的行为的宝贵机会。

- **要让学生注意交通安全。** 第56号教室的学生在过马路时都很沉默、很专心。他们的眼睛完全集中在交通状况上，耳朵听着老师的指挥。在得到老师的指示前，没有学生会擅自穿越马路，而且在学生过马路前后，一名工作人员会留在马路上。在学生踏入街道之前，一个成年随行者将像士兵一样精准地拦下所有车辆。这可能看起来很极端，但我给学生看过学校旅行时发生事故的相关报道，如果学校或教师事先准备充分，这些交通事故完全可以避免。没有学生会在和我一起旅行时受伤——至少在我的看顾之下不会。

- **学生练习如何与将遇到的每个人进行眼神交流并说谢谢。** 对他们礼仪的考验将在旅行当天进行，因为他们有机会向警卫、讲解员、看门人、其他客人和巴士司机展示他们对这项技能的掌握。

- **出行前，鼓励学生做好"预习"准备。** 如果有讲解员带领参观，学生就会知道他们会看到哪些亮点。我们已经在出发之前学习过相关的艺术家和流派，对艺术做提前了解，不仅使实际的亲身观赏体验更有意义，而且带领一群准备充分的年轻人，能让讲解员对工作充满热情。

- **第56号教室的学生在参观艺术场所之前，一定会设定特定的参观目标。** 我们从来不会在巨大的画廊里漫无目的地闲逛，而学生却不知道他们看到了什么。相反，我们会事先挑选博物馆的一两个重要区域，在出行前几天研究它们，并在现场预留充足的时间，让学生能深度探索。这样，学生不仅学到了知识，而且永久地掌握了艺术的基本要素，而没能参观的部分也将在他们脑海中强化一个信念，即学海无涯。这或许将激励他们日后不断地回访博物馆，享受探索未知事物的喜悦。

没错，带学生出行，对教师而言，的确意味着大量的额外工作，却可以教给学生们极其美妙的东西。这就是旅行——即使是在博物馆的一个上午——也会比看书本上的绘画和雕塑更有意义。旅行是第56号教室的学生

学生们正在纽约市现代艺术博物馆欣赏毕加索的《三个音乐家》

在大学和其他地方表现得如此优异的原因。这些旅行教会了他们一种生活方式，从中学会的礼貌、万全准备和对知识永无止境的追求，也使他们走向了非凡的未来。前面所列的种种准备工作，不过是一次持续几个小时的校外旅行所需的工作。勇敢冒险的积极教师们，让我们一起来看看更高难度的长途旅行，甚至跨国旅行需要做什么事情。

要素3：为长途旅行需要做的准备

带学生到其他城市甚至其他国家进行长途旅行，教师会面临更加庞大的工作量，需要具备更丰富的经验。除了需要大量的计划外，这种旅行往往还需要大量的资金。对于大多数教师来说，这样的冒险不值得花时间和精力，毕竟这太绞尽脑汁了。但是，如果你是这样的教师，其他人眼中跟我一样古怪的人，那么不妨看看下面的内容，了解一下第56号教室的长途出行情况。

我反对在计划长途旅行时常见的两种普遍做法。其一，一些学校往往只选择那些父母手头宽裕，愿意为其支付旅行费用的学生。有钱并没有错，但这真的有违旅行对年轻人的教育目的。如果家境贫寒的孩子能够看到他们周围的贫困环境之外的奇妙世界，反而可以激励他们付出令人难以置信的努力去学习，进而为自己创造更好的生活。出于这个原因，我通常寻找财力殷实的赞助人来支付所有费用，为学生筹集出行资金。为第56号教室的出行寻求稳定的资金支持者花了我好几年时间，但这都是教师作为榜样的一部分。我的学生能够努力学习，是因为他们看到教师也在这样做。

其二，许多学校选择雇用旅游公司带学生去参观各个景点。这对教师来说比较轻松，但根据我的经验，学生会因此失去在旅行的过程中培养独立性和解决问题能力的机会。与其让旅游公司的巴士把学生从一个地方带到另一个地方，不如让他们学习如何使用公共交通工具。同样，教学生在餐馆订餐、自己洗衣服、自己照顾自己，更能训练他们在未来可以应用的技能。

当然这也只是我的一家之言，诸位可以酌情考虑。下面，我将提供第56号教室的学生在前往那些曾经超越他们最疯狂的梦想的地方之前所学到的一些准备工作。他们已经掌握了前文列出的一日游所需的全部技能，但更长的旅行显然还需要额外的准备。

- **在飞行前，学生要知道所乘飞机的布局和他们的座位号。**他们练习如何通过机场安检，以及如何在飞行过程中安静地坐着，以示对其他乘客和空乘人员的尊重。

- **这听起来可能很荒谬，但学生在旅行时学会了一种新的起立方式。**这个别出心裁的起立方法，可以确保任何东西都不会丢失。学生经常会丢失钥匙、护照、机票、手机和各种重要材料。但是，当第56号教室的学生站起来时，每个人都会花点时间转身低头看自己的座位，检查大约15秒钟，看看有没有东西遗失。在离开之前回头检查十分有效，在旅行中，没有人丢失任何东西。

- **学生还分门别类地准备好不同的袋子来装贵重物品。**经过训练之后，他们总是把房间钥匙放在同一个口袋里，或把手机放在背包的同一个隔层里。这种严格的组织意识对他们的旅行和余生都有好处。每次在转移目的地时，学生都会花一些时间回顾他们去过的地方，检查他们的个人物品是否遗失。无论是在他们离开机场的安检区、下飞机、离开餐厅还是离开酒店房间的时候，这都是一项宝贵的生活技能。

- **让学生学习在公共场所使用的简单手势。**当我们乘坐地铁时，学生已经了解了当天的行程，但当我们接近一个站点时他们也会关注我的手势。通过关注我的手势，他们清楚地知道什么时候应该上车或下车。这既确保了没有人会落在后面，也确保所有的学生不需要大喊大叫、互相招呼就可以安静地离开火车或地铁，以免打扰其他旅客。

- **让学生学习如何提出问题是至关重要的技能。** 许多学生因为过去在学校的尴尬和痛苦经历而不敢提问。有的教师也会在不得不多次解释某些内容时，变得居高临下或暴躁不耐烦。在我们的课堂上，我们有机会扭转这种令人遗憾的局面，通过创造一个欢迎、尊重和有问必答的环境，将能够成功地培养学生提问的自信和能力并成功应用到出行中。因为自信和成熟的年轻人将能够很容易地从博物馆讲解员那里获得有关艺术的信息，从酒店员工那里获得提示，从机场信息员那里获得时间表。

- **管理金钱是一项被忽视的技能，** 也是需要学生在旅行前需要学习的。第56号教室的学生都知道每次出行的预算金额并会得到一笔用于支付食物、购买纪念品和旅行的各种小费用的资金。他们会保持书面记账并留存收据的习惯。这种宝贵的能力在他们上大学时将会有所帮助，也使他们的父母免于孩子因为缺钱而拼命往家里打电话的头痛。

- **学生知道如何洗衣服。** 他们有洗衣袋，知道如何将不同颜色的衣物分开清洗。他们已经接受过培训，知道如何折叠干净的衣服，以及花必要的时间来整理他们的房间。这对他们上大学有很大的帮助。

- **少即是多、精简行程。** 在旅行过程中，第56号教室很少会安排非常紧凑的行程。与其争分夺秒地去看所有的东西，我们看得更少但学到更多。我们通常在上午安排一个活动，午餐休息，下午再安排一个活动，并在下午4:30前回到酒店，早早地吃了晚饭，然后早早地睡觉。

- **练习在餐馆点菜。** 学生知道如何阅读菜单，清楚地、有礼貌地从辛勤工作的服务员那里点餐。

- **学生会记住在一天中给我们提供非凡服务的所有人的名字。** 如果他们遇到了非常乐于助人的导游、服务员或酒店员工，就会在吃完晚餐后手写

集体出行将帮助学生为现实的生活做好准备

参观纽约州波基普西市瓦萨学院后的晚餐

真诚的、字迹工整的感谢信，并在第二天邮寄或亲自送达。

- **学生在旅途中会写日记**。这可以帮助他们留下珍贵的记忆，让他们在多年后回忆起这些美好时光时露出喜悦的笑容。与此同时，每一个学生一定会记下的两样东西是：他们与朋友们分享的快乐，以及旅程中遇到的每个人给予的善意和欢乐。

在本章的最后，我想告诉你只要你的学生能够时刻牢记下面这句话，那么你就可以教育他们，并改变他们的命运。

如果准备失败，就要做好失败的准备！

准备充分的学生，在伦敦市艾比路打着赤脚重现披头士乐队的风采

永远心怀关爱

　　并非我们面对的所有事情都能被改变，至少在坦诚面对之前，我们肯定不能改变任何事情。

　　　　　　　　　　　　——詹姆斯·鲍德温

　　教学是一项艰苦的工作，而且几乎是一项不太可能完成的使命。但积极向上的优秀教师，能让一切皆有可能。

　　即使是在一帆风顺的日子里，教学工作也是令人精疲力竭、身心俱疲的，然而这样的日子也还是少之又少。

　　尽管本书提供了很多建议，但每一位教师都需要遵循自己的内心去工作。我做了几十年的教师，知道没有谁能够解决所有的问题、提供所有的答案。然而，在完成了一天繁重的教学工作夜深人静独坐深思之际，教师们仍然面临一个令人困扰的问题——可能是最重要的问题，它让所有牺牲了一切成为教师的人感到痛苦和悲伤。下面这封来信，将说明这个问题。

　　这封信来自一位我的朋友，她是一位杰出的女士。在他人看来，她是一位模范教师，拥有聪明、善良、敏感、有趣等品质，是一个内外兼修的人。但是，就像许多有才华、有奉献精神的人一样，她正在严肃考虑是否应该离开教育行业。她诚实并勇敢地提出了这个重要的问题，她在信中写道：

亲爱的雷夫：

这一周，我经历了一些难以消化的情绪，我必须决定，明年是否还继续教这些孩子们。

我已经教书很多年了，这段经历令我有得有失。当我感到困惑时，我就会读你写的书，它告诉我许多问题的答案。然而，我有一个问题在书中找不到答案。

我现在处于一个是否应该继续做教师的纠结阶段。

我每天都非常努力地为孩子们准备课程，很多孩子都感谢我给他们的人生带来的变化。但我能改变的只是这些孩子。学校里有许多讨厌的行政工作，许多令人生畏的检查工作，我要花大量的时间去准备这些东西，却只是为了给领导看。我的教学计划经常因为这些事情而被打断，因为行政人员总会对教师提出新的想法。许多职责似乎都集中在教师，而不是学生身上。

而且，看起来那些受人尊敬的教师都是那些在课堂上给孩子们拍照和录像，并以此来夸耀自己的人。那些把手机收起来、没有记录瞬间、安静授课的教师，哪怕教给孩子们更有价值的课程，也不会得到认可。

我们还要求孩子们参加不重要的比赛，教他们如何应对考试。考试很重要，但孩子的性格也同样重要，对吗？我很困惑，我们到底在教孩子们什么呢？

我没办法改变这一点！无能为力，或许教书不适合我。这里有很多好人，但也有很多问题，我不知道我是否能继续开心地在这里工作下去。

她表达的抵触和厌教情绪并不罕见，英国作曲家/诗人/摇滚明星雷

伊·戴维斯（Ray Davies），在他的精彩歌曲《坠落之后》（*After the Fall*）中，
就提出了这个问题：

> 我刚刚经历了一次非常糟糕的坠落——
>
> 而这一次比以前更难爬起来。
>
> 一个幻象出现了，我向天呼喊
>
> 我喊道："你能帮忙吗？"
>
> 它回答说："当然不能。"
>
> 坠落结束后，
>
> 你只能孤身一人。
>
> 人生得有方向。
>
> 在人生结束之际，
>
> 你得问一个问题，
>
> 问自己为什么要经历这一切？

　　听着真是令人心碎，不是吗？或许你也有过同样的感受。而我最亲爱
的朋友面临的困境并没有一蹴而就的解决方案。但我的确可以告诉她一个答
案，即便这个答案并不一定适用于所有人的处境。

　　我回信告诉她：离职并不是可耻的行为。她有权获得幸福，我们所有
人，即便身为教师也有追求个人幸福生活的权利。因此，辞去教职并不意味
着你就是个坏人或是一个失败者。作为一个诚实的教育见证者，我承认我自
己大部分时间，都因自己在教学中犯下的诸多错误或遭遇的无数失败而深陷
悲伤和痛苦之中。正因如此，我不希望任何其他人也遭遇同样的折磨。

　　然而，关于"为什么要经历这一切？"这个问题，还有一个答案，这或
许不是一个可以令你感到满意的解决方案，但我仍非常感激，感谢诸位愿意
聆听我分享一个方法，它有可能用来处理教学这一看似不可能完成的使命。

这个方法的灵感依然来自我最喜欢的一部文学作品。

弗朗西斯·斯科特·菲茨杰拉德的著作《了不起的盖茨比》是我读过的最好的一本小说。在书中，主人公杰伊·盖茨比是一个拥有巨大财富和权力的神秘人，但他的帝国是建立在谎言和欺骗之上的。他此刻享有的地位和影响力所需的财富，全部都来自于过去的犯罪行为。

杰伊·盖茨比对黛西（他年轻时狂热爱着的女人）的崇拜是一种妄想。黛西现在嫁给了一个名叫汤姆·布坎南的男人，他是一个富有但令人害怕的乡绅。盖茨比确信自己能赢回黛西，因为他坚信，黛西一直都爱着自己。但盖茨比却不明白，黛西不过是一个幻象，她没有能力去关心任何人。但最终，黛西被指控制造了一场杀死了汤姆的情妇默特尔的车祸，盖茨比选择隐瞒黛西的过错给黛西顶罪，这样她就可以逃避对肇事逃逸事故的起诉。

不幸的是，盖茨比本人后来被默特尔的丈夫乔治杀害，因为后者误以为盖茨比就是撞死妻子的司机。

最后，几乎没有人前来参加杰伊·盖茨比的葬礼，故事的叙述者尼克，盖茨比的朋友，在描述汤姆和黛西时，说了一句话，这句话永远改变了我作为教师和公民的信念：

汤姆和黛西，他们是粗心大意的人——他们砸碎了东西，毁灭了人，然后就退缩到自己的金钱或者麻木不仁或者不管什么使他们留在一起的东西之中，让别人去收拾他们的烂摊子……

因此，亲爱的朋友们，这就是我最后的一个忠告。当人们听到"粗心大意"这个词时，首先映入脑海的或许是一个笨手笨脚、会打翻饮料或在人行道上绊倒的人，但这并不是盖茨比这个例子想要表达的含义。粗心大意在这里更多意味着麻木不仁，汤姆和黛西对任何事情都不关心，他们就是人们眼中麻木不仁的人。

我不敢称自己无所不知，但我唯一可以肯定以及确定的真理，就是一位优秀的教师一定是关怀学生的，一定充满了对学生的关爱，如果你决定留在这样一个每天都需要承担几乎不可能完成的使命的行业，那就请牢记。

无论日子是好是坏，是起还是落，我们都永远需要心怀关爱。不要自欺欺人，要相信可以做正确的事情，小心而谨慎地面对自己的缺点，并且具备变得更好的勇气。

不要粗心大意，而要时刻心怀关爱。当你感到疲惫和气馁时，不要让这种状态妨碍你给予每个学生迫切需要的支持。

不要粗心大意，而要时刻心怀关爱，因为只有我们心怀关爱，以学生的成长为己任，我们才能够真正有所作为，改变学生的未来和命运。